KB263736

who? 근현대사

글 김정욱

어린이 만화 잡지 〈아이큐 점프〉 연재를 시작으로 어린이들을 위한 글을 써 왔습니다. 어린이들의 학습에 도움이 되면서도 감동을 줄 수 있는 글을 쓰기 위해 노력하고 있습니다. 지은 책으로 《who? 한국사 을지문덕》, 《who? 한국사 선덕 여왕》, 《로봇 세계에서 살아남기》, 《에너지 위기에서 살아남기》와 《그램그램 영문법 원정대》, 《슈뻘맨의 슈퍼 상식 월드컵》, 《설민석의 세계사 대모험》 시리즈 등이 있습니다.

그림 박종호

2000년 동아 · LG 국제 만화 페스티벌에서 《여섯 번째 손가락 이야기》로 우수상을 수상한 이후 다양한 연령층과 장르에 도전하며 작품 영역을 넓히고 있습니다. 《who? 근현대사 홍범도》, 《바로보는 세계사》, 《80일간의 세계일주》, 《이이화 선생님이 들려주는 만화 한국사》, 《Hello My Job》, 《아빠 어릴 적에》, 《전인구 선생님의 어린이 경제 개념 대백과》 등 책에 그림을 그렸습니다.

추천 황현필

인문계 고교 교사로 7년 동안 재직 후 EBS와 공무원 등 수험 한국사를 가르쳤습니다. 이후 유튜브 '황현필 한국사' 채널에서 누구나 쉽게 접할 수 있는 대중적인 역사 강의를 하고 있습니다.

who? 근현대사

윤동주

초판 1쇄 인쇄 2025년 8월 22일
초판 1쇄 발행 2025년 9월 17일

글 김정욱 **그림** 박종호 **표지화** 손정호

펴낸이 김선식
펴낸곳 다산북스

부사장 김은영
어린이사업부총괄이사 이유남
책임편집 박세미 **디자인** 김은지 **책임마케터** 김희연
어린이콘텐츠사업1팀장 박정민 **어린이콘텐츠사업1팀** 김은지 박세미 강푸른 류지형
어린이마케팅본부장 최민용 **어린이마케팅1팀** 안호성 이예주 김희연 **기획마케팅팀** 류승은 박상준
편집관리팀 조세현 김호주 백설희 **저작권팀** 성민경 이슬 윤제희
재무관리팀 하미선 임혜정 이슬기 김주영 오지수
인사총무팀 강미숙 이정환 김혜진 황종원
제작관리팀 이소현 김소영 김진경 이지우 황인우
물류관리팀 김형기 김선진 주정훈 양문현 채원석 박재연 이준희 이민운
외부 스태프 정보글 송혜련

출판등록 2005년 12월 23일 제313-2005-00277호
주소 경기도 파주시 회동길 490
전화 02-704-1724 **팩스** 02-703-2219
다산어린이 카페 cafe.naver.com/dasankids **다산어린이 블로그** blog.naver.com/stdasan
종이 스마일몬스터 **인쇄** 한영문화사 **코팅 및 후가공** 평창피엔지 **제본** 대원바인더리

ISBN 979-11-306-6920-5 14990

who? 근현대사

윤동주

다산
어린이

올바른 역사 교육의 시작, who? 근현대사

　근현대사는 우리에게 가장 가까운 역사이자 현재 살아 있는 역사입니다. 그중에 빼앗긴 나라를 되찾기 위해 전개된 독립운동사는 대한민국 사람이라면 꼭 알고 있어야 하는 내용입니다.

　이 나라의 미래인 어린이들이 근현대사와 독립운동사를 반드시 알아야 할 이유가 있습니다. 역사를 올바른 시선으로 보는 법을 배우고, 어려움을 극복한 여러 인물과의 만남을 통해 교훈을 얻음으로써 어린이가 스스로 성장하는 데 도움이 되기 때문입니다. 또한 내가 살고 있는 이 나라 대한민국을 올바르게 사랑하는 애국심을 기르기 위함이 역사 교육의 가장 중요한 목적이 될 것입니다.

　저는 일제강점기를 살았더라면 당연히 독립운동했을 것이라는 확고한 신념이 있었습니다.

　어느 겨울날 아침 일찍 강의를 위해 집을 나서기 전, 잠든 제 아이들의 볼에 입을 맞추었습니다. 아이들의 볼에서 전해지는 따스한 온기를 느끼자, 추운 집 밖으로 나가기가 싫어지며 다시 침대에 눕고 싶은 마음이 요동쳤습니다. 그 순간, 만주 벌판에서 혹독한 겨울을 견디며 총을 들고 싸웠던 수많은 독립군이 떠올랐습니다.

　"내가 일제강점기를 살았더라면, 독립운동을 위해 눈에 넣어도 아프지 않은, 사랑하는 나의 아이들을 두고 생사를 장담할 수 없는 춥디추운 만주 벌판으로 나설 수 있었을까?"

　독립운동가들은 존경받아야 합니다.

　〈who? 근현대사〉 시리즈는 일제강점기 당시 조국의 독립을 위해 헌신한 인물들을 소개하고 있습니다. 임시정부를 이끌면서 독립운동의 상징적 인물이 된 김구, 봉오동과 청산리에서 일본군을 무찌른 대한독립군 사령관 홍범도, 사회적으로 취약했던 어린이의 인권을 존중하며 소년 운동을 주도한 방정환, 일제강점기 우리 한글을 지켜낸 주시경, 죽는 날까지 하늘을 우러러 한 점 부끄럼이 없었던 저항 시인 윤동주 등 독립운동가들의 발자취 속에서 좌절과 시련을 이겨내고, 희망으로 나아가는 길을 경험하게 될 것입니다. 이 시리즈에서 다루는 인물들의 이야기는 단순한 '역사적 기록'이 아니라, 어린이들에게 용기와 올바른 가치를 심어 주는 '교훈'입니다.

〈who? 근현대사〉 시리즈를 읽으며 대한민국의 미래가 되는 우리 어린이들이 독립운동가를 존경하는 마음을 갖고, 올바른 역사관을 키워 나가길 기대합니다.

한 가지 더 부모님께 당부드립니다. 만약 아이들이 "우리나라는 어떻게 일본으로부터 독립할 수 있었나요?" 하고 묻는다면 이렇게 답해 주세요.

"태평양 전쟁에서 일본이 미국에 패배하면서 우리가 독립을 맞이할 수 있었던 것은 사실이란다. 하지만 그보다 더 중요한 건, 수많은 독립운동가의 희생과 노력이 있었기 때문에 우리가 '완전한 독립'을 얻을 수 있었다는 거야. 그래서 우리는 독립운동가를 기억하고 존경해야 한단다."

황현필 역사바로잡기연구소장

황현필 선생님은 인문계 고등학교에서 역사를 가르쳤습니다. 이후 EBS와 공무원 강의를 통해 한국사를 가르치다 유튜브 '황현필 한국사' 채널을 개설하고 누구나 쉽게 접할 수 있는 대중적인 역사 강의를 하고 있습니다. 2023년에는 남해를 '이순신해'로 병행표기하자는 의견을 제시하고, 국회의원들과 함께 입법 발의를 이끌어 내기도 했습니다. 또, '기억하는 자들이 사라지면, 역사는 왜곡된다'는 신념을 가지고 일제강점기 독립운동을 부정하는 사람들에 맞서 올바른 역사관을 심어 주려고 노력하고 있습니다. 대표 저서로는 《황현필의 진보를 위한 역사》, 《이순신의 바다》, 《어린이를 위한 이순신의 바다 1·2》, 《황현필의 한국사 평생 일력》, 《요즘 역사》 등이 있습니다.

황현필 역사바로잡기연구소장님의 한국사 강의를 만나 보세요. ▲

세계적인 리더로 성장하기 위한 밑거름

〈who?〉 시리즈는 어린이들은 물론 어른들에게도 재미와 감동을 주는 교양 만화입니다. 대한민국은 물론 전 세계에 영향력을 끼친 인물들로 구성되었으며, 인물들의 삶과 사상을 객관적으로 전해 줍니다. 이처럼 다양한 분야에서 활약한 인물들의 이야기를 통해 과학, 예술, 정치, 사상에 관한 정보는 물론이고, 시대별 문화와 역사까지 배우게 될 것입니다.

〈who?〉 시리즈의 가장 큰 장점은 인물들이 그들의 삶에서 겪은 기쁨과 슬픔, 좌절과 시련, 감동을 어린이들이 함께 느낄 수 있다는 것입니다. 어린이 독자들이 인물들을 통해 자신만의 멘토를 만나 세계적인 리더로 성장하기를 진심으로 응원합니다.

존 덩컨 미국 UCLA 동아시아학부 교수
한국학 분야의 세계적인 석학으로, 미국 UCLA 한국학연구소 소장 및 동 대학의 동아시아학부 교수를 겸직하고 있습니다.

세상을 더 나은 곳으로 만든 사람들의 이야기

어린이들은 자라면서 수많은 궁금증을 가지게 됩니다. 그중에서도 "저 사람은 누굴까?"라는 질문은 종종 아이들의 머릿속을 온통 지배해 버리기도 합니다. 〈who?〉 시리즈는 그런 궁금증을 해결해 주기 위해 다양한 분야의 인물들을 소개하고 있습니다.

〈who?〉 시리즈에 등장하는 인물들은 인종과 성별을 넘어 세상을 더 나은 곳으로 만든 사람들입니다. 어린이들은 이 책에서 디지털 아이콘으로 불리는 스티브 잡스는 물론 니콜라 테슬라와 같은 천재 발명가를 만날 수 있습니다.

책 속 주인공들의 어린 시절 이야기를 통해 기쁨과 슬픔, 도전과 성취감을 맛보고, 그들과 함께 성장하면서 인류에 도움이 되는 사람이 되겠다는 포부와 자신감을 갖게 될 것입니다.

에드워드 슐츠 하와이주립대학교 언어학부 교수
하와이주립대학교 언어학부 교수이자, 동 대학교 한국학센터 한국학 편집장을 역임한 세계적인 석학입니다. 현재 한국과 미국, 일본을 오가며 활발하게 활동하고 있습니다.

미래 설계의 힘을 얻는 길이 여기에

어린 시절 만난 한 권의 책이 인생에 미치는 영향이 얼마나 큰지는 꿈을 이룬 사람들을 통해서 알 수 있습니다. 빌 게이츠는 오늘날 자신을 만든 것은 동네의 작은 도서관이었다고 말하고, 오프라 윈프리는 어린 시절 유일한 친구는 책이었음을 고백하며 독서의 중요성에 대해 이야기합니다.

꿈을 이룬 사람들의 공통점은 또 있습니다. 그들에게는 어린 시절, 나만의 특별한 위인이 있었습니다. 버락 오바마, 빌 게이츠, 조앤 롤링, 스티브 잡스 등 세상을 바꾼 사람들의 감동적인 이야기를 담은 〈who?〉 시리즈는 어린이들이 희망찬 미래를 그리고 구체적인 목표를 설정할 수 있도록 도와 줄 친구이면서 안내자입니다.

송인섭 한국영재교육학회 회장
자기 주도 학습 분야의 최고 권위자로, 한국영재교육학회 회장입니다. 한국교육심리연구회 회장, 한국교육평가학회장, 한국영재연구원 원장을 역임했습니다.

평생을 이끌어 줄 최고의 멘토를 만나다

국제회의 통역사로 30년 동안 활동하면서 세계적인 리더들을 만났던 저는 대한민국의 초등학생들에게 특별한 조언을 해 주고 싶습니다. 그것은 큰 꿈을 가지라는 것입니다. 꿈은 힘들고 지칠 때 나를 이끌어 주는 힘이고 내 인생의 주인이 되어 일어설 수 있게 하는 원동력이 되어 줍니다. 저 역시 어린 시절 품었던 꿈 덕분에 괴롭고 힘들어도 포기하지 않고 다시 일어설 수 있었습니다.

어린 시절 저에게도 용기를 불어넣어 주고 힘이 되어 주었던 분들이 있었습니다. 지금의 자리로 저를 이끌어 준 멘토들처럼 〈who?〉 시리즈에서 여러분의 친구이자 형제, 선생님이 되어 줄 멘토를 만날 수 있기를 바랍니다.

최정화 우리나라 최초 국제회의 통역사
우리나라 최초의 국제회의 통역사로 한국외국어대학교 번역대학원 교수입니다. 세계에서 꿈을 펼치려고 하는 소년들에게 멘토의 역할을 충실히 하고 있습니다.

등장 인물 소개

본문 만화에 나오는 중심 인물을 비롯하여 나오는 인물들을 소개합니다. 이야기를 읽기 전 인물에 대해 미리 알아볼 수 있어요.

인물 관계도

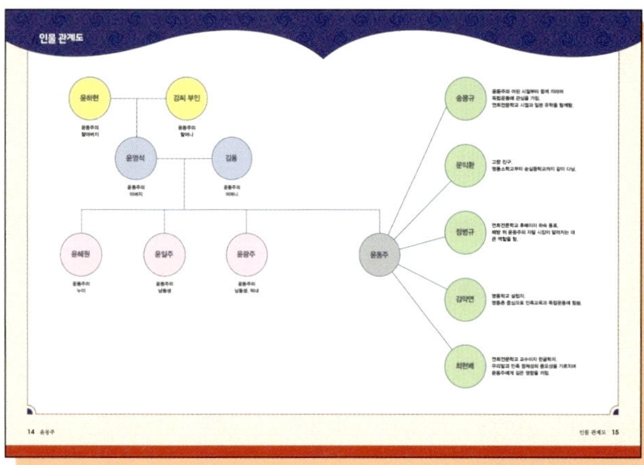

이야기 속 여러 인문들의 관계를 한눈에 보여 줍니다. 이야기 흐름을 파악하는 데 도움을 줄 거예요.

인물 만화

우리나라 역사 인물들을 만화로 만나면 어렵고 딱딱한 역사도 쉽고 재미있게 즐길 수 있어요.

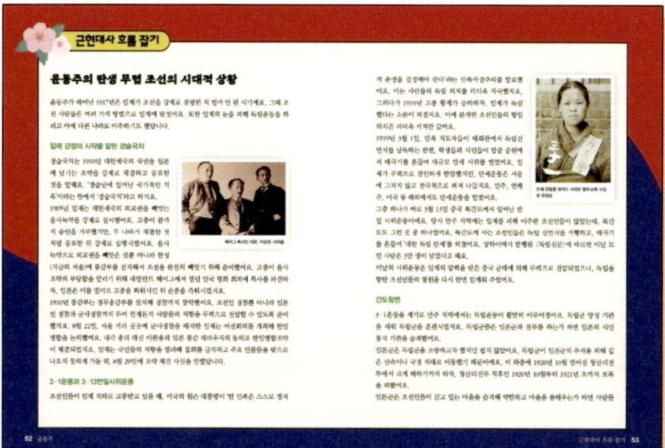

근현대사 흐름 잡기

생생한 사진과 자세한 해설로 근현대사 흐름을 알려 주어 다양한 교과 연계 학습이 가능합니다.

한국사 연표

선사 시대부터 현재까지 이어진 한국사 전체 연표로 역사의 전체 흐름을 이해할 수 있어요.

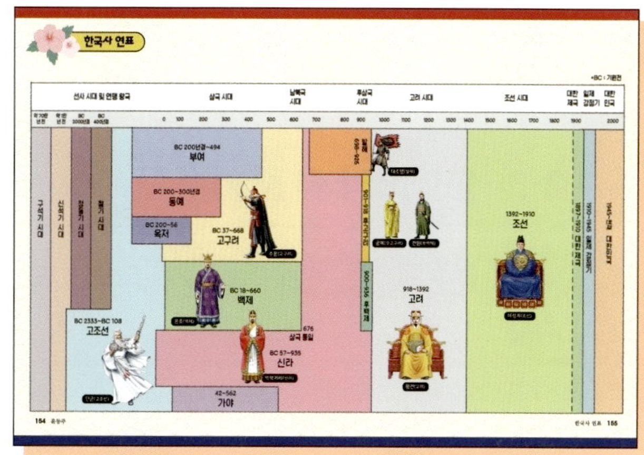

근현대사 독해 워크북

하루에 하나씩 지문을 읽고 문제를 풀어 보세요. 하루하루가 쌓여 문해력이 향상됩니다.

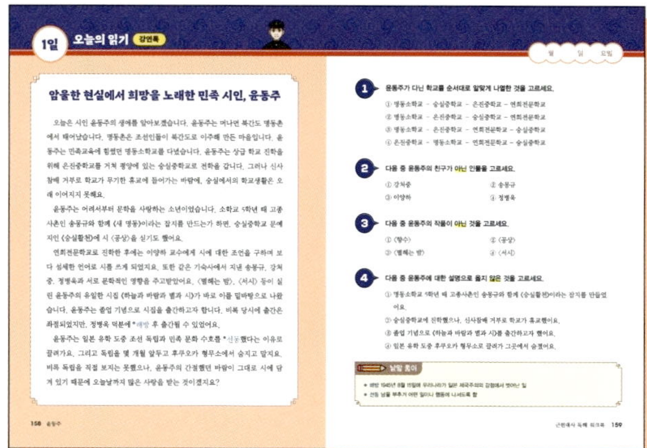

차례

시인 · 독립운동가

윤동주
1917~1945

북간도 명동촌에서 나고 자랐어요. 문학 소년이자 신중하고 섬세한 성격을 지닌 윤동주는 친구들과 문예지를 만들며 민족의식을 키워 갔지요. 연희전문학교를 다니는 동안에는 우리글로 쓴 시를 발표하며 탄압 속에서도 조선어 문학을 지키려 애썼습니다. 대표작으로는 《하늘과 바람과 별과 시》가 있어요.

윤동주의 고종사촌 · 독립운동가

송몽규
1917~1945

북간도 명동촌에서 윤동주와 함께 자랐어요. 장난기 많고 활달한 성격으로 친구들을 잘 이끌었으며, 어린 시절부터 윤동주와 더불어 문학에 재능을 보였어요. 한편으로 독립운동에 관심을 가져, 교토제국대학 유학 중 비밀결사를 조직해 독립운동을 하다 체포되었어요.

윤동주의 친구 · 시인

문익환
1918~1994

윤동주의 고향 친구로, 명동소학교, 은진중학교, 숭실중학교를 함께 다녔어요. 해방 이후 민주화운동과 통일운동의 상징적 인물이 되었지요. 명랑하고 따뜻한 성격으로 친구들을 격려했으며, 어린 시절부터 민족교육과 민족운동에 적극적이었어요.

윤동주의 후배 · 교수

정병욱
1922~1982

윤동주가 연희전문학교 시절 사귄 문학적 동지이자 후배예요. 연희전문학교 문과 학생으로, 차분하고 성실한 성격이에요. 윤동주와 함께 하숙하며 문학과 삶에 대해 깊은 교류를 나눴고, 윤동주가 세상을 떠난 뒤 그의 시집 《하늘과 바람과 별과 시》를 세상에 알리는 데 중요한 역할을 했어요.

1917년	1925년	1932년	1938년
윤동주 출생	명동소학교 입학	은진중학교 입학	연희전문학교 문과 입학

윤동주의 아버지

윤영석

1895~1962

북간도 명동촌에서 명동학교 교사로 활동하며 민족교육에 힘썼어요. 기독교 신앙을 중심으로 집안을 일구었으며, 윤동주의 학문과 성장에 큰 영향을 미쳤지요. 윤동주가 의사가 되길 바랐으나, 나중에는 아들이 문학을 하고자 하는 의지과 꿈을 인정해 주었어요.

친일파 · 형사

가네야마

조선인으로, 연희전문학교 학생들을 감시하고 잡아들이며 일제의 앞잡이 노릇을 했어요.

윤동주가 살았던 시대는?

윤동주가 태어난 1917년은 조선이 일제의 지배를 받던 시기였습니다. 많은 조선인들이 일제의 탄압을 피해 만주 북간도로 이주해 새로운 삶을 개척했지요. 윤동주가 성장한 북간도 명동촌은 독립운동과 민족교육의 중심지였습니다. 1919년 3·1운동이 일어난 뒤 북간도에서도 대규모 반일 시위가 벌어졌고, 이를 계기로 간도참변과 같은 참혹한 일이 발생하기도 했습니다. 윤동주는 나라를 잃은 현실 속에서도 민족의 정체성과 언어를 지키려 노력했습니다. 일제강점기 말에는 창씨개명과 조선어 금지, 학병제 실시 등 억압이 극에 달했으며, 윤동주 역시 이러한 시대적 고통 속에서도 시를 통해 조국을 사랑하는 마음을 표현했습니다.

1941년	1942년	1943년	1944년	1945년
《하늘과 바람과 별과 시》 필사본 제작	일본 유학	일본 경찰에 검거	후쿠오카 형무소 수감	윤동주 사망

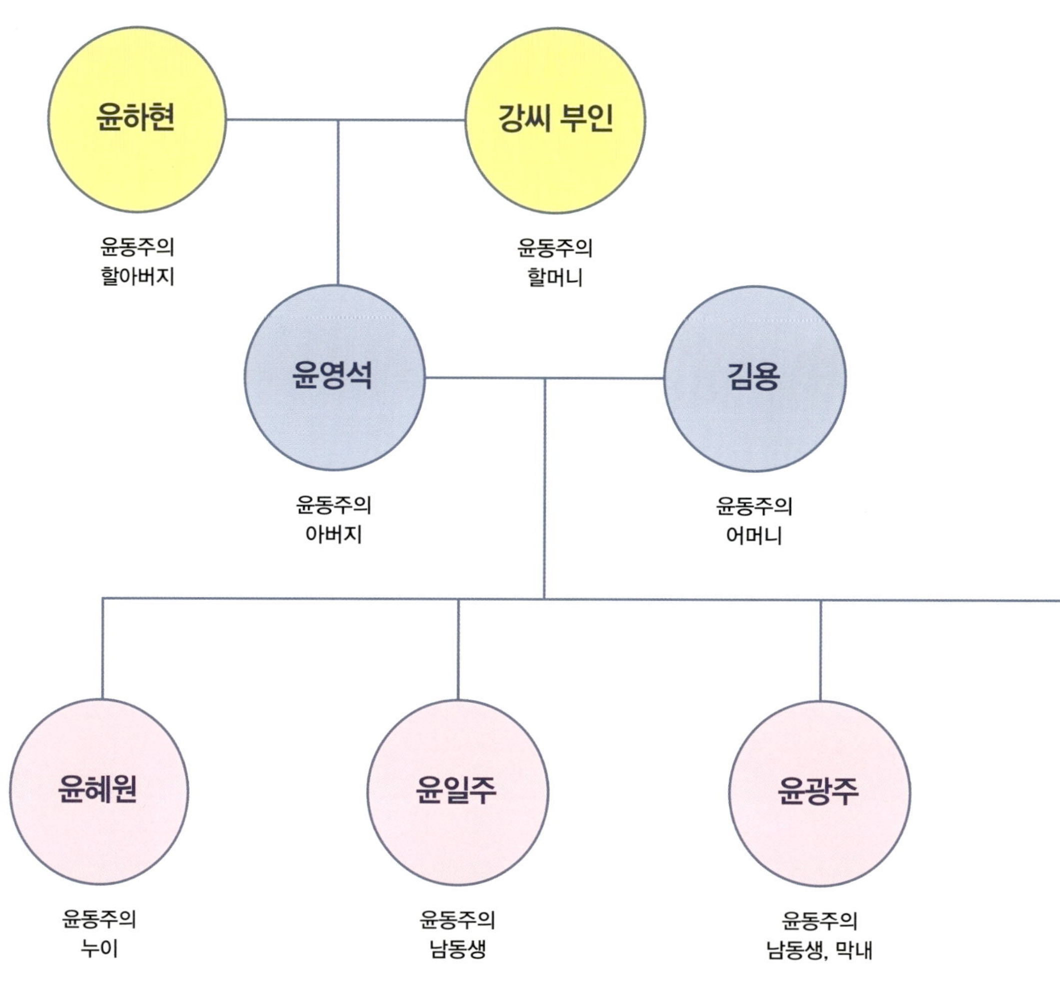
윤하현
윤동주의
할아버지
강씨 부인
윤동주의
할머니
윤영석
윤동주의
아버지
김용
윤동주의
어머니
윤혜원
윤동주의
누이
윤일주
윤동주의
남동생
윤광주
윤동주의
남동생, 막내

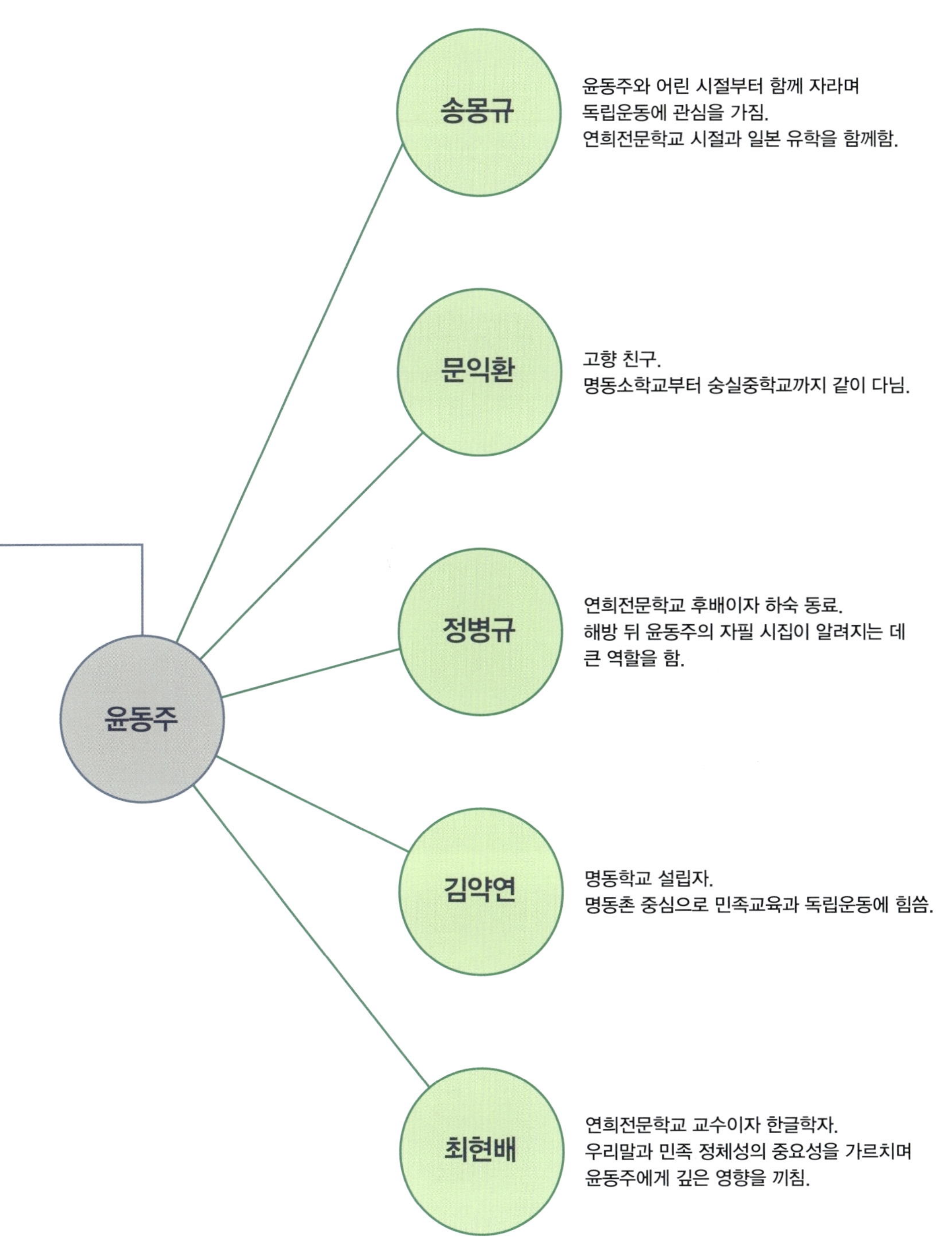

윤동주
송몽규
윤동주와 어린 시절부터 함께 자라며 독립운동에 관심을 가짐. 연희전문학교 시절과 일본 유학을 함께함.
문익환
고향 친구. 명동소학교부터 숭실중학교까지 같이 다님.
정병규
연희전문학교 후배이자 하숙 동료. 해방 뒤 윤동주의 자필 시집이 알려지는 데 큰 역할을 함.
김약연
명동학교 설립자. 명동촌 중심으로 민족교육과 독립운동에 힘씀.
최현배
연희전문학교 교수이자 한글학자. 우리말과 민족 정체성의 중요성을 가르치며 윤동주에게 깊은 영향을 끼침.

1944년 경성

병욱 학생!
아까 우체부가
뭘 놓고 갔는데?

혹시 동주 선배한테서 편지가 왔나?

이건…!

결국 동주 선배가 일본 감옥에 갔구나.
나도 이제 곧 군대에 끌려가는데
선배는 감옥에 끌려가다니.
식민지 청년은 슬프구나.

酒店 멍일주점
술
광동공업
광일 시계점

나라를 빼앗기고
평생 차별받은 것도 억울한데, 이제 우리더러
남의 나라를 위해 전쟁에 나서라니!

이제 병욱이도 가는구나.
다음은 누구 차례일까?

그러게 말이야.
적어도 졸업은 하고 싶었는데….
전쟁터에서 살아남아
되돌아올 수 있을까?

어이! 정병욱!
파전
막걸
국

소식은 들었네.
천황 폐하의 은덕에 힘입어
학병으로 징집되었다고?

저놈은
연희전문학교 학생들을
감시하는 일제의 앞잡이!

정말 축하하네.
이 기회에 천황 폐하에게 입은
은혜를 갚기 바라네.

나쁜 놈!
은혜는 뭐가
은혜라는 거야.

아참! 그런데 혹시 윤동주와는 아직도 연락하고 있나?

그런가?
연희전문 다닐 때
자네와 친해 보여서
난 뭔가 아는 게
좀 있나 했지.

아니요.
후쿠오카 감옥에 갔다는
소식을 들은 뒤로는
아무 연락도 못 받았습니다.

충고하는데, 윤동주와 관련해
뭔가 숨기고 있다면 곤란하네.
자네도 알겠지만, 그 녀석은 치안유지법을
위반한 악질 범죄자야.

그런 자를 돕는
어리석은 짓은 하지 말게.

또각
또각

나쁜 놈. 같은 조선인을
감싸 주지는 못할망정
못살게 굴다니.
난 일본 놈보다
저런 놈이 더 싫어.

애들아, 미안하지만
나 먼저 가 볼게.
왜 그래?
무슨 일 있어?

꼭 해야 할 일이 생각났어.

뿌우 우 우 웅
치이익~
03090

두리번
두리번

아이고! 병욱아.
네가 여긴 어쩐 일이냐?

어머니, 제가 군대에
가게 됐습니다.

뭐라고! 네가 왜 왜놈들
전쟁에 나간단 말이냐?
안 된다! 안 돼!
절대 못 보낸다!

어머니. 너무 걱정 마세요.
반드시 살아 돌아오겠습니다.
그보다 한 가지 부탁드릴 게 있습니다.

부탁?

턱.

이건 동주 선배가 오랫동안 힘들게 만든 시집 원고입니다. 이걸 좀 숨겨 주십시오.
그게 뭐냐?

대체 무슨 시집이기에 숨겨야 한단 말이냐?

이 시집은 조선말로 쓰여 있어서 들키면 압수당할 뿐 아니라 위험해질 수도 있습니다.

염치없지만 저한테는 목숨처럼 소중한 것이니 어머니께서 잘 간직해 주십시오.
알겠다. 염려 말거라.

윤동주의 원고는 그로부터 4년이 흐른 뒤에야 세상의 빛을 볼 수 있었습니다.
정병욱이 목숨까지 걸며 지켜 낸 윤동주의 문학 세계와 그의 삶을 들여다봅시다.

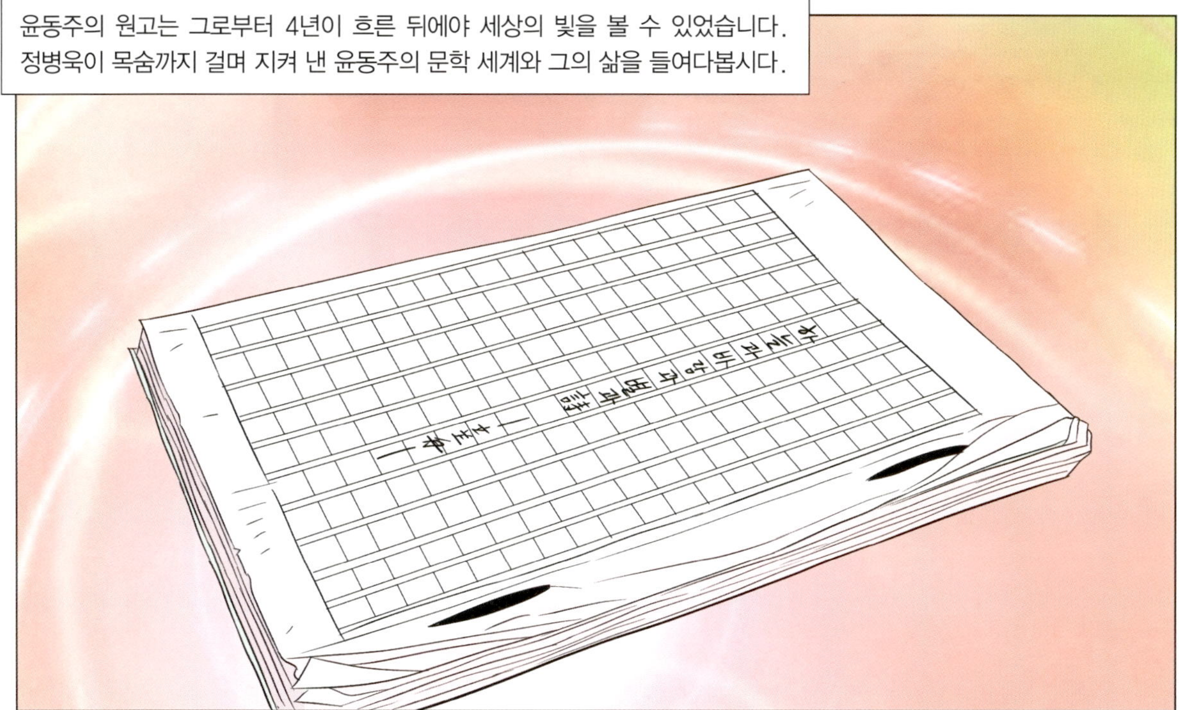

1 🌸 북간도 명동촌의 문학 소년

또 책 읽니?
네! 저는 책이 제일 좋아요!

글도 모르는 녀석이 무슨 책을 읽는다고.

나 왔소.
당신이 이렇게 이른 시간에 어쩐 일이세요!

그게 뭐예요?
쉿!

당신도 소문을 들어 알고 있겠지만
얼마 전 경성에서 대대적인 만세운동이 있었다네.
알죠.
3·1만세운동.

그래서 우리 마을 사람 모두 모여
김약연 선생님을 중심으로
독립선언포고문을 발표할 계획이네.

너무 위험하지 않겠어요?
너무 걱정하지 말게.
한두 사람이라면 몰라도
온 마을 사람들이 뭉치는데
저들이 어쩌겠나?

책! 책!

우리 동주를 위해서라도
하루빨리 독립된 나라를 만들어야지.

1919년 3월 13일, 명동촌 사람들을 포함한 간도 주민들은 용정에 모여 대규모 만세운동을 벌였습니다. 그러나 일제의 강력한 진압으로 주민 서른세 명이 목숨을 잃거나 다치는 비참한 결과를 맞았습니다.

본래 명동촌은 19세기 말 함경도와 평안도 일대에 기근이 심해지자 그곳에 살던 조선인들이 새로운 삶의 터전을 찾아 간도로 이주하며 만든 곳이었습니다.

특히 함경도 출신의 김약연이 140여 명의 식솔을 이끌고 1899년 북간도(동간도)로 집단 이주한 후 윤동주의 할아버지인 윤하현 등이 합류하면서 '동방을 밝히는 곳'이라는 뜻을 지닌 명동촌이 만들어졌습니다.

어이구, 이게 누구야? 동주 아니냐!
안녕하세요.

누구?
윤하현 장로님 손자 말이야.

허허, 정말 많이 컸구나. 그래, 어디 가는 길이니?
제가 좋아하는 잡지가 들어왔다고 해서 책방에 가는 길이에요.

어려서부터 책 보는 걸 좋아하더니 여전하네.

그럼 나중에 또 뵐게요.
그래, 조심히 가라.

서림 책방
비켜!

내가 좋아하는 잡지가 두 개나 있네.
하나를 살 돈밖에 없는데
어떤 걸 사면 좋을까?
이린어
얼어살

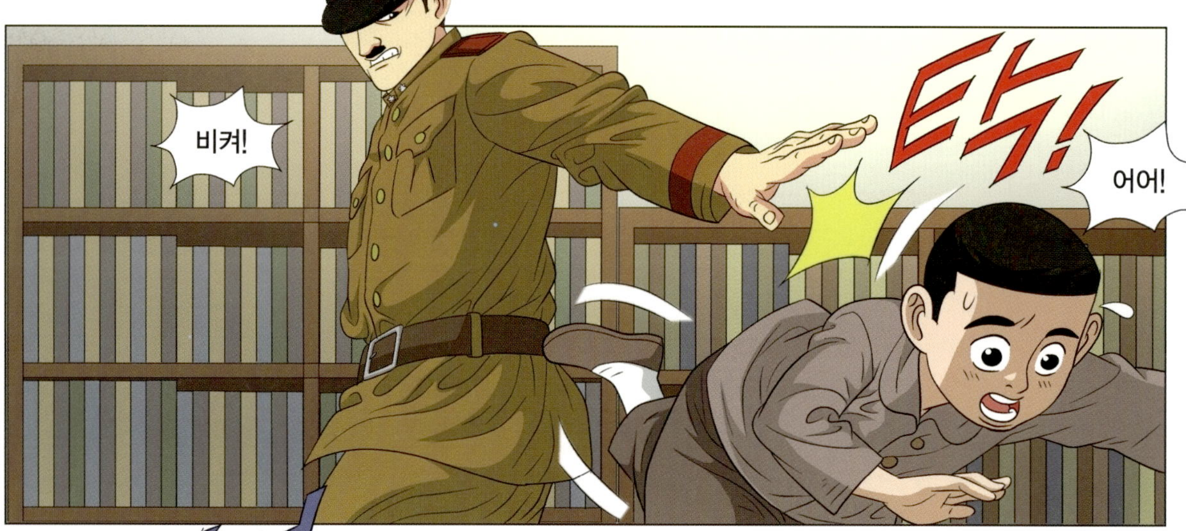
탁!
어어!

털썩!

돈이…!
또르르
뿍

똑바로 대답하지 못해!

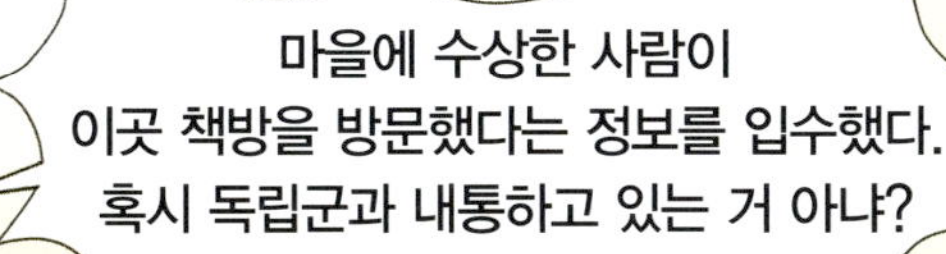

마을에 수상한 사람이
이곳 책방을 방문했다는 정보를 입수했다.
혹시 독립군과 내통하고 있는 거 아냐?
아, 아닙니다.
절대 그런 일은 없습니다.
믿어 주십시오.

용정에서 만세운동을 일으킨
명동촌 녀석들 말을 어찌 믿나?

앞으로 조심하는 게 좋아.
수상한 짓 하다 걸리면
책방을 모조리 불태워 버릴 테니까.
훅

저, 저기….

뭐야?

아, 아무것도 아니에요.
쳇! 멍청한 녀석.

끼
익!

덜컹.

또 시작이군. 하여간 만세운동 이후로 우리 마을 사람들을 못 잡아먹어서 안달이 났다니까.
글쎄 말이야. 군대를 동원해 마을을 쑥대밭으로 만들고 명동학교를 불태운 걸로도 모자라 툭하면 저렇게 시비니.

이게 다 일본 놈들이 우리 조선 사람들을 이곳에서 쫓아내려는 심보라고.
에휴~ 나라 잃은 놈이 죄인이지.

동주야, 여기서 뭐 하고 있니?

할아버지!

실은 책방에 갔다가
돈을 잃어버려서 책을 못 샀어요.

저런!
너무 속상해하지 말거라.
할아버지가 사 주마.
와!
할아버지 최고!

할아버지. 일본 사람들은
왜 우릴 못 살게 구는 거예요?
다 똑같은 사람인데 싸우기보다
서로 돕고 살면 좋은 거 아닌가요?

그러게 말이다.
사람들이 다 우리 동주 같아야 하는데.
세상에 욕심이 많은 사람들이 넘쳐 나서
그게 잘 안 되는구나.

힘으로
남이 가진 걸 뺏고, 억누르고….
그렇게 살아서 뭐가 좋다고, 쯧쯧.

그래도 희망을 잃어선 안 된다.
언젠가는 일본인들도 잘못을
깨닫는 날이 올 거다.
네!

동주야, 놀자!
동주야, 뭐 해? 놀자니까!
어… 어…. 몽규야….
어휴, 내가 이럴 줄 알았다.
또 책이야. 사내 녀석이 운동도 하고 그래야지.
형이 개구리 잡는 거 보여 줄게. 따라와.
싫어. 난 지금 책 읽고 있단 말이야.

뭐? 아무리 나이가 같아도 족보상으로는 내가 고종사촌 형이거든!
그리고 나이도 같은데 자꾸 동생 취급하지 마.
치이!
어?
뭐야? 삐쳤냐? 장난이야, 장난.
하, 하지 마. 간지러워.

몽규야, 그거 알아? 멀리 서양 그리스라는 나라에는 여러 신들에 대한 재미있는 전설을 담은 책이 있대.
뭐? 누가 그래?

선생님께서 그러셨어. 그리고 그 책에 이카루스의 이야기가 있거든.
이카루스? 무슨 이야기인데?

섬에 갇힌 이카루스와 아버지가 그곳을 빠져나가려고 깃털을 모아 밀랍으로 엮어서 날개를 만들었대.

그리고 마침내 날개를 단 이카루스는 하늘을 날아올라 섬을 빠져나갈 수 있었지.

그런데 태양에 너무 가까이 다가가는 바람에 깃털 사이에 바른 밀랍이 녹아 떨어져 죽고 말았대.

나한테도 그런 날개가 있었으면 좋겠어. 넓은 세상으로 날아가 자유로운 곳에서 글을 맘껏 쓰면서 살고 싶다.

맨날 책만 보고 공상이나 하더니 이상한 소리만 늘었구나.

난 말이야, 날개가 생긴다면 하늘을 날며 일본 놈들을 모조리 혼내 줄 거야.

슈우웅~ 받아라! 폭탄!
투투투투!

너무 허무맹랑한 거 같은데.
소설도 그러진 않겠다.
그, 그런가?

하하하하

이럴 게 아니라
우리가 직접 재미있는 책을
만들어 보는 건 어떨까?
우리가 책을?

평소 책과 글쓰기에 관심이 많았던 윤동주와 송몽규는 단짝인 문익환을 끌어들여 문예지를 만들기로 했습니다.
너희들끼리 문예지를 만들어 보겠다고!
장난만 치는 개구쟁이들이라고 생각했는데 이제는 제법 철이 든 모양이구나.
그래, 나도 응원할 테니 열심히 해 보거라.
혹시 선생님께서 저희 책의 제목을 정해 주시면 안 돼요?
책 제목을?
네, 부탁드려요!

흠, 그렇다면 '새 명동'이 어떻겠니?

새 명동!
좋아요!

그럼 이제부터 각자 집에 가서 잡지에 실을 작품부터 준비하자.
선생님, 저희는 이만 가 볼게요!
오냐. 도움이 필요하면 또 찾아오너라.

동주야, 넌 왜 그러고 있어?
어서 가자.

기독교인이었던 할아버지 윤하현의 영향을 받은 윤동주는 어려서부터 교회를 열심히 다닌 독실한 신앙인이기도 했습니다.
먼저 가. 난 교회에서 기도 좀 하고 갈게.

이후 윤동주와 친구들은 몇 날 며칠 잠자는 시간도 아껴 가며 책을 만들었습니다.

1931년, 명동소학교를 졸업한 윤동주는 가족이 용정으로 이사하면서 은진중학교에 입학하게 되었습니다.

은진중학교

이야앗!
누, 누구야?
펄
쩔컥!

누구긴 누구야?
네 형님이다!
몽규야!

네 눈엔 몽규만 보이냐?
나도 있거든.
익환아!

이 시기 윤동주는 학교를 대표하는 축구 선수로 활동하였으며 웅변대회에 참가해 1등을 수상하는 등 그 어느 때보다 활발한 학창 시절을 보냈습니다.

또한 친구들과 문예지를 만들며 여전히 글쓰기에 대한 관심을 이어 갔습니다.

뭐야?
또 글 쓰니?
요새 너무 정신없이 사는 거 아냐?
축구하랴, 웅변하랴, 거기에 글까지.
쉬엄쉬엄해.

아, 아니야.

괜찮아.
재미있어서 하는 건데 뭐.

어! 저기 호랑이가!
뭐? 어디?

흠, 〈내일은 없다〉라….
제목이 좀 무거운걸.

뭐 하는 거야? 돌려줘!

내일은 없다

— 어린 마음에 물은

내일내일 하기에
물었더니
밤을 자고 동틀 때
내일이라고.

새날을 찾던 나는
잠을 자고 돌보니
그때는 내일이 아니라
오늘이더라.

무리여!
내일은 없나니
....

1934. 12. 24.

제법인데. 이젠 작가 티가 난다. 등단해도 되겠어.
등단?

그, 그런 거 아니야. 이건 그냥 쓴 거야.
나 그만 갈게.

동주야!

자신감을 가져! 넌 할 수 있어!

등단이라…
내가 정말 작가가 될 수 있을까?
두근
두근

윤동주의 탄생 무렵 조선의 시대적 상황

윤동주가 태어난 1917년은 일제가 조선을 강제로 점령한 지 얼마 안 된 시기예요. 그때 조선 사람들은 여러 가지 방법으로 일제에 맞섰어요. 또한 일제의 눈을 피해 독립운동을 하려고 아예 다른 나라로 이주하기도 했답니다.

일제 강점의 시작을 알린 경술국치

경술국치는 1910년 대한제국의 국권을 일본에 넘기는 조약을 강제로 체결하고 공포한 것을 말해요. '경술년에 일어난 국가적인 치욕'이라는 뜻에서 '경술국치'라고 하지요.

1905년 일제는 대한제국의 외교권을 빼앗는 을사늑약을 강제로 실시했어요. 고종이 끝까지 승인을 거부했지만, 두 나라가 체결한 것처럼 공포한 뒤 강제로 실행시켰어요. 을사늑약으로 외교권을 빼앗은 것뿐 아니라 한성

헤이그 특사인 이준, 이상설, 이위종

(지금의 서울)에 통감부를 설치해서 조선을 완전히 빼앗기 위해 준비했어요. 고종이 을사조약의 부당함을 알리기 위해 네덜란드 헤이그에서 열린 만국 평화 회의에 특사를 파견하자, 일본은 이를 빌미로 고종을 강제로 퇴위하게 한 뒤 순종을 왕위에 올렸지요.

1910년 통감부는 경무총감부를 설치해 경찰까지 장악했어요. 조선인 경찰뿐 아니라 일본인 경찰과 군사경찰까지 두어 언제든지 사람들의 저항을 무력으로 진압할 수 있도록 준비했지요. 8월 22일, 서울 거리 곳곳에 군사경찰을 배치한 일제는 어전회의를 개최해 한일병합을 논의했어요. 내각 총리 대신 이완용과 일본 통감 데라우치의 동의로 한일병합조약이 체결되었지요. 일제는 국민들의 저항을 염려해 집회를 금지하고 주요 인물들을 밖으로 나오지 못하게 가둔 뒤, 8월 29일에 조약 체결 사실을 알렸답니다.

3·1운동과 3·13반일시위운동

조선인들이 일제 치하로 고통받고 있을 때, 미국의 윌슨 대통령이 '한 민족은 스스로 정치

적 운명을 결정해야 한다'라는 민족자결주의를 발표했어요. 이는 사람들의 독립 의지를 더더욱 자극했지요. 그러다가 1919년 고종 황제가 승하하자, 일제가 독살했다는 소문이 퍼졌지요. 이에 분개한 조선인들의 항일 의식은 더더욱 커져만 갔어요.

1919년 3월 1일, 민족 지도자들이 태화관에서 독립선언서를 낭독하는 한편, 학생들과 시민들이 탑골 공원에서 태극기를 흔들며 대규모 만세 시위를 벌였어요. 일제가 무력으로 잔인하게 탄압했지만, 만세운동은 서울에 그치지 않고 전국적으로 퍼져 나갔지요. 만주, 연해주, 미국 등 해외에서도 만세운동을 벌였어요.

만세 운동을 벌이다 서대문 형무소에 수감된 유관순

그중 하나가 바로 3월 13일 중국 북간도에서 일어난 반일시위운동이에요. 당시 만주 지역에는 일제를 피해 이주한 조선인들이 많았는데, 북간도도 그런 곳 중 하나였어요. 북간도에 사는 조선인들은 독립 선언식을 거행하고, 태극기를 흔들며 '대한 독립 만세'를 외쳤어요. 상하이에서 발행된 〈독립신문〉에 따르면 이날 모인 사람은 3만 명이 넘었다고 해요.

이날의 시위운동은 일제의 압력을 받은 중국 군대에 의해 무력으로 진압되었으나, 독립을 향한 조선인들의 염원을 다시 한번 일깨워 주었어요.

간도참변

3·1운동을 계기로 만주 지역에서는 독립운동이 활발히 이루어졌어요. 독립군 양성 기관을 세워 독립군을 훈련시켰지요. 독립군들은 일본군과 전투를 하는가 하면 일본의 식민 통치 기관을 습격했어요.

일본군은 독립군을 소탕하고자 했지만 쉽지 않았어요. 독립군이 일본군의 추격을 피해 깊은 산속이나 국경 지대로 이동했기 때문이에요. 이 와중에 1920년 10월 벌어진 청산리전투에서 크게 패하기까지 하자, 청산리전투 직후인 1920년 10월부터 1921년 초까지 보복을 꾀했어요.

일본군은 조선인들이 살고 있는 마을을 습격해 약탈하고 마을을 불태우는가 하면 사람들을 남녀노소 할 것 없이 무차별 학살했어요. 이러한 만행은 네 달 가까이 계속되었지요. 간도참변으로 인해 3천 명이 넘는 조선인이 살해당했으며, 만주 지역의 독립운동 단체 역시 큰 피해를 입었어요.

간도로 이주한 조선인

간도는 원래부터 조선인들이 많이 살던 곳이었어요. 19세기 중반 조선인들은 가난에서 벗어나고자 압록강과 두만강을 넘어 간도에 터를 잡았지요. 을사늑약 이후, 일제의 만행에 분노한 독립운동가들은 일제의 영향력이 크게 미치지 않는 해외에 독립운동 기지를 만들어야 한다고 생각했어요. 간도 지역은 조선인이 많이 살고 있었을 뿐 아니라 한반도와 가까워 쉽게 오갈 수 있고, 아직 일제의 영향력이 크게 미치지 않았기 때문에 적격이었어요.

서간도와 북간도 위치

1907년 조직된 비밀결사 단체인 신민회는 독립운동 기지를 세울 만한 곳으로 서간도를 꼽았어요. 서간도의 삼원보로 이주한 이들은 자치 기구를 만들어 민족교육을 실시하는가 하면, 독립군 양성을 위해 신흥강습소를 설립했어요. 대종교의 3대 교주인 윤세복 역시 서간도에 동창학교를 세우고 한국 역사와 국어 등을 가르쳤지요. 흉년과 중국인들의 배척, 일본의 압력 등 여러 어려움이 있었지만, 사람들은 포기하지 않고 독립을 위한 힘을 키워 나갔어요.

북간도의 독립운동

북간도에 터를 잡은 독립운동가들은 민족교육을 중요하게 여겼어요. 이상설은 1906년, 만주 용정에 한국 최초의 신학문 민족교육 기관인 서전서숙을 세웠어요. 이곳에서 역사나 지리, 수학, 헌법 같은 신학문과 함께 항일 민족교육을 실시하여 독립 정신을 고취하고자 했어요. 하지만 이상설이 만국평화회의에 참석차 블라디보스토크를 방문했다가 일제의 방해로 돌아오지 못하면서 재정난에 처하게 되었지요. 일제의 감시가 심해지면서 결국 문을 연 지 1년도 넘기지 못하고 폐교하고 말았지만, 민족교육에 대한 열망은 명동학교, 은진중학교 등으로 이어졌어요.

사람들은 민족 자치 운동에도 힘썼어요. 간민교육회라는 한인 단체를 만들어 문맹 퇴치 운동, 산업을 부흥시키려는 식산흥업 등을 벌이며 간도를 항일운동 기지로 만들기 위해 노력했어요. 간민교육회에는 지식인뿐 아니라 종교인들도 포함되어 있었는데, 종교인들도 독립운동에 적극적으로 앞장섰어요. 기독교에서는 대한국민회와 같은 독립운동 단체를 만들고 독립군을 양성하는가 하면, 학교를 세워 민족교육에 힘썼어요. 당시 교회는 예배하는 장소인 동시에 독립운동가들의 회의실, 사람들에게 독립 정신을 가르치는 학교 등 항일운동 기지로서 역할을 했지요. 대종교 창시자 나철을 비롯한 대종교 임원들도 북간도에 학교를 세워 민족교육을 실시했어요.

북간도의 독립운동 기지, 명동촌

북간도에는 조선인들이 모여 사는 마을이 여럿 있었어요. 그중 대표적인 것이 바로 명동촌이에요. 1899년, 김약연, 문병규, 김하규, 남도천 네 학자는 조선의 앞날을 타개할 만한 인재를 기르겠다는 일념으로 식솔들을 이끌고 두만강을 건넜어요. 각자 재산을 모아 북간도 부걸라재의 땅을 사들인 이들은 마을을 만들고 '동방을 밝히는 곳'이라는 뜻에서 마을 이름을 '명동'이라고 지었어요. 여기서 동방이란 한반도, 즉 조선을 뜻해요. 윤동주의 할아버지인 윤하현도 1900년에 가족들과 함께 이곳으로 이주했어요.

김약연(1868~1942년) ⓒ김약연기념사업회

명동촌에서는 처음 이주했을 때의 목표처럼 사람들에게 독립 정신을 심어 주고 독립운동에 필요한 인재를 기르고자 했어요. 이를 위해 앞장선 대표적인 사람이 바로 윤동주의 외삼촌이기도 한 김약연이에요. 학식이 풍부한 학자였던 김약연은 명동서숙을 세워 아이들에게 민족정신을 가르치는가 하면, 북간도 한인의 첫 사회 단체인 간민교육회 임원으로서 민족 자치 운동에 힘썼어요. 명동중학교가 은진중학교에 편입된 이후에는 명동교회 목사로 부임하여, 명동촌이 항일 교육 운동의 구심점 역할을 다하도록 애썼어요.

2 문학도의 꿈을 키우다

어르신, 무슨 일로 이렇게 모여 계신 거예요?
어이구, 소식 못 들었니? 몽규가 신춘문예에 당선됐대.

네? 신춘문예요?
그렇다니까. 여기 봐. 송몽규 '술가락' 동아일보 신춘문예 콩트 부문에 당선!

이럴 게 아니라 마을 잔치라도 벌여야 하는 거 아닌가?
그러게 말이야. 어서 몽규네 집으로 가세.

경사 났네~♪♬

내가 그토록 원하던
신춘문예에
몽규가 당선되다니.

몽규가 글을 잘 쓴다는 건
알고 있었지만,
이 정도일 줄이야.

동주야.
여기서 뭐 해?

어… 어, 아무것도 아니야.

축하해, 몽규야.
근데 이런 일이 있으면 나한테
귀띔이라도 해 주지.

내가 뭐 당선될 줄 알았나? 그냥 운이 좋았던 거야.
아니야. 넌 정말 글 쓰는 재능이 뛰어난 것 같아. 나랑은 다르게….

그게 무슨 소리야! 이상한 소리 말고 밥이나 먹자!

언제나 그랬어. 책 읽기랑 글쓰기는 내가 더 좋아했는데 상은 몽규가 더 많이 받았지.

어쩌면 내가 아니라 몽규가 작가가 되는 게 더 어울리는 거 아닐까?

여기서 뭐 하니? 동주야.
어…
그냥 쉬고 있었어.
너 요새는 글 쓰는 모습 보기가 힘들더라.
무슨 일 있어?
아니야. 아무 일도 없어.
내가 작가가
될 수 있을까 해서.
말도 안 돼.
너처럼 글 쓰는 걸 좋아하는 사람이
작가를 안 하면 누가 하나?

좋아한다고 다 작가가 될 수 있는 건 아니잖아.
그래도 포기하는 건 너무 이르지 않을까? 오랜 꿈을 이렇게 그만두면 나중에 후회할 수도 있잖아.
사실 나도 내 꿈을 위해 마을을 떠나려고 해. 흔들리는 나라를 바로 세우려는 내 꿈 말야.
그게 무슨 소리야?
오랫동안 고민해서 결정했다. 언진중학교 명희조 선생님의 주선을 받아 중앙육군군관학교에 입학하기로 했어.

동주야.
너도 네 꿈을 포기하지 말고
끝까지 노력했으면 좋겠어.
몽규야….
몽규는 언제 봐도 참 대단해.
자신의 꿈에 대해 저렇게까지
확고하다니.
몽규는 나라를 위해 저토록
행동하고 노력하는데 나는 그저
책상 앞에 앉아 글이나 쓰는 게
과연 올바른 걸까?

1935년 3월, 송몽규는 백범 김구가 있는 중국 낙양 중앙육군군관학교에 입학하여 독립군이 되기 위한 혹독한 훈련을 받았습니다.

한편 그사이 윤동주는 은진중학교에서 4학년 1학기를 마친 뒤, 평양으로 집이 이사를 가면서 숭실중학교에 편입했습니다.

너 평소에 글 쓰는 거 좋아하잖아.
게다가 문예지에 글을 실으면
새로운 친구도 사귈 수 있을 거야.

흠….

그래, 몽규가 내 꿈을
포기하지 말고 끝까지
노력했으면 좋겠다고 했지….

그래, 좋아.
한번 해 볼게.

공상

공상─
내 마음의 탑
나는 말없이 이 탑을 쌓고 있다.
명예와 허영의 천공에다
무너질 줄도 모르고
한 층 두 층 높이 쌓는다.

무한한 나의 공상─
그것은 내 마음의 바다
나는 두 팔을 펼쳐서
나의 바다에서
자유로이 헤엄친다.
황금 지옥의 수평선을 향하여.

1935.10

누구에게도 주목받지 못한 내 시가
이렇게 실리다니 정말 기뻐.

동주야, 축하해.
선생님이랑 다른 학우들도
반응이 아주 좋아.
정말?

내 글을 봐 주는 사람이
이렇게 많다니.
역시 글쓰기를 포기하지
않아서 다행이야.

* **신사참배** 일제강점기에, 일제가 우리의 종교와 사상 자유를 억압하기 위하여 신사에 배례하도록 강요하던 일

幣六社朝鮮神宮
아
내 생각도 그래.
결국 이 모든 건 우리가 일본에게 지배받고 있기 때문이야.
어떡하든 힘을 길러서 독립해야 하는데….
쳇, 천황이 애를 낳은 게 우리랑 무슨 상관이라고 이렇게까지 해야 하는 거지? 너무한 거 아냐?
그래도 이건 부당한 일이잖아. 입만 닫고 있을 순 없어.
동주야. 누가 들으면 어쩌려고. 나도 마음은 같다만….

말도 안 돼.
감사할 게 뭐가 있다고.
아까 일본인 교장이 하는 말 들었니? 우리더러 이등 신민들 주제에 천황에게 인사드릴 수 있는 기회를 준 걸 감사하게 여기래.

이게 다 뭘 해도 우리가 가만있으니까 우습게 보고 하는 말이야.

나쁜 놈들….
꾹!

숭실중학교 학생 전부 뒤로 돌아!

무슨 소리지?
갑자기 뭐 하는 거야?

내 말 안 들려? 모두 신사참배를
거부하고 집으로 돌아간다!

가자!
신사참배를 거부한다!

응!
동주야,
우리도 가자!

얼마 뒤, 일본은 이 일을 빌미로 숭실중학교의 교장이었던 윤산온을 내쫓았습니다.
뭐라고? 교장 선생님이 신사참배를 거부한 일로 학교를 떠나셨다고?
말도 안 돼! 교장 선생님을 이렇게 떠나보낼 순 없어.
내 생각도 같아.
더 이상 가만히 있을 수 없어.
일제에게 우리 조선 사람이 살아 있다는 걸 보여 줘야 해!

* **조센징** 일본어로 '조선인'을 뜻하는 단어. 일제가 한국인을 비하하는 의미로 사용함

결국 이 사건 이후 윤동주는 학교를 자퇴했고 얼마 지나지 않아 숭실중학교는 폐교되었습니다.

1936년, 숭실중학교를 자퇴한 윤동주는 용정 집에 돌아와 있다가 광명중학교에 편입하였습니다. 때마침 독립군이 되기 위해 마을을 떠났던 송몽규 역시 독립군의 분열과 일제의 탄압 등으로 말미암아 명동촌으로 돌아왔습니다.

독립을 위해서는 무력 투쟁도 중요하지만 먼저 우리 민족이 깨어나야 한다고 생각해. 그래서 난 문학을 통해 민족의식을 일깨우는 계몽운동을 해 볼 생각이야.
문학을 통한 민족 계몽운동….

동주 너도 문학에 관심이 많으니까 나와 같이하지 않을래?

글쎄, 나도 너와 함께하고 싶지만 지금은 계몽운동보다는 아름다운 우리말과 글을 사람들에게 전하는 일을 해 보고 싶어. 우리말로 지은 작품을 통해서 말야.

좋은 생각이야. 그럼 우리 꿈을 위해 함께 노력해 보자!
좋아!

본격적으로 글을 쓰기로 결심한 윤동주는 잡지 《카톨릭 소년》에 잇따라 글을 실었습니다.
또한 윤동주가 가장 좋아하는 시인 백석이 100부 한정판으로 시집을 출간하자, 아는 사람에게 부탁해 시집을 빌린 뒤 밤새도록 책을 베껴 필사본을 소장하기도 했습니다.
白石
1937년 고향 명동촌
이제 대학 진학을 결정해야 할 시기구나.
너도 더 이상 어린애가 아니니 긴말 안 하겠다.
험한 세상에서 살아남으려면 무엇보다 기술이 필요하니 의과를 가거라.

아버지. 전 의학에 관심이 없습니다.

어허! 녀석이 그래도! 다 널 위해서 하는 말이니까 시키는 대로 하거라.

죄송하지만 전 작가가 되고 싶습니다. 문학 공부를 할 수 있도록 허락해 주십시오.
뭐? 문학!

무슨 소릴 하는 거냐? 글을 써서 어떻게 먹고살겠다는 것이냐?
아버지!

네 말은 못 들은 걸로 하겠다!

할아버지….

아버님이 여긴 어떻게…?
다 들었다. 동주가 문학을 공부하고 싶다지?

네, 하지만 너무 심려 마십시오. 제가 잘 타일러 의대를 보내도록 하겠….

동주가 원하는 대로 해 주거라.
네?! 그게 무슨…?

결국 윤동주는 할아버지의 응원에 힘입어 연희전문학교 문과에 진학하게 되었습니다.

* **고등고시** 행정 고급 공무원 또는 법관, 검사, 변호사 자격을 얻기 위해 치르던 시험

윤동주가 다닌 학교

윤동주는 수많은 독립운동가를 배출한 명동학교에서 초등교육을 받고, 여러 분야의 지식을 접할 수 있는 연희전문학교를 거쳐 일본 릿쿄대학과 도시샤대학에 다녔어요. 윤동주가 다닌 학교를 살펴보며 그곳에서의 생활이 윤동주에게 어떤 영향을 끼쳤는지 알아봐요.

명동학교

명동학교는 1908년 김약연이 북간도 명동촌에 있는 글방 세 군데를 합쳐 세운 곳이에요. 원래는 명동서숙이었다가 1909년에 명동학교로 이름을 바꾸었어요.

서전서숙이 폐교된 이후 김약연은 그곳에서 정재면을 비롯한 교사들을 데려왔는

윤동주의 모교인 명동학교 ⓒ늦봄문익환기념사업회

데, 기독교인이었던 정재면의 영향으로 민족교육과 기독교 교육을 함께 실시했어요. 명동학교의 가장 큰 목표는 독립 정신과 민족의식 고취였어요. 입학시험과 작문 시험에는 반드시 애국, 독립과 관련된 내용이 포함되어 있었다고 하며, 토요일에는 조선의 독립에 대한 토론회를 열기도 했어요.

명동학교는 나날이 발전하여 명동소학교와 명동중학교, 명동여학교를 운영하게 되었어요. 북간도뿐 아니라 함경도, 연해주에서도 명동학교에서 교육을 받으려고 찾아왔지요. 독립운동가 양성의 요람이 되어 수많은 독립운동가를 배출했으며, 이 때문에 청산리전투에서 승리한 뒤 일본의 보복으로 건물이 불타기도 했어요.

윤동주는 1925년 명동소학교에 입학했어요. 당시에는 재정난으로 명동중학교가 은진중학교에 통합되고, 명동소학교는 명동교회의 지원으로 운영되었어요. 가족들도 모두 기독교를 믿었기 때문에 집과 학교에서 윤동주는 자연스레 기독교의 이웃 사랑과 평등사상을 접하며 자랐어요. 또한 명동학교를 세운 외삼촌 김약연의 영향으로 민족의식 또한 남달랐

지요. 윤동주의 집과 명동학교가 있는 명동촌은 산으로 둘러싸여 계절 따라 아름다운 풍
경을 보여 주었는데, 이는 어린 윤동주가 풍부한 감수성을 기르는 데 밑거름이 되었어요.

은진중학교

명동소학교를 졸업한 윤동주는 화룡현 대랍자에 있는 중국인 소학교를 거쳐 은진중학교
에 진학했어요. 이즈음 윤동주와 가족들은 은진중학교가 있는 만주 용정으로 이사했지요.
은진중학교는 캐나다 장로회 선교부에서 운영하던 미션스쿨이었어요. 당시 일본은 만주
사변을 일으킨 뒤 괴뢰국인 만주국을 세웠어요. 북간도 역시 만주국 영토로 편입되었고
일본군은 만주에서 활개를 쳤지요. 하지만 은진중학교는 캐나다인들이 있는 치외법권 지
역에 있었기에 일본의 간섭에서 벗어날 수 있었어요. 이곳에서 윤동주는 다양한 경험을
하며 학교생활을 즐겼어요. 축구 선수로 뛰는가 하면 패션에도 관심이 많아 직접 재봉틀
질을 해서 옷을 고쳐 입기도 했어요. 수학도 잘하고, 웅변대회에 나가 1등을 하기도 했지
요. 명동소학교 시절《새 명동》을 발간했던 문학적 재능은 은진중학교 시절에도 발휘되었
어요. 이곳에서도 윤동주는 교내 잡지를 발간했지요.
윤동주는 자기 작품에 완성된 날짜를 기입하는 버릇이 있었어요. 사촌이자 친구인 송몽규
가 신춘문예에 당선된 것을 보고 자극을 받아 자기 작품을 정리하기 시작한 거예요. 은진
중학교 시기에 쓰인 〈초 한 대〉와 〈삶과 죽음〉, 〈내일은 없다〉에는 모두 '1934년 12월 24
일'이라고 날짜가 적혀 있어요. 이 세 작품이 기록으로 확인할 수 있는 윤동주의 맨 처음
작품인 셈이지요.

잡지《새 명동》

《새 명동》

어려서부터 문학을 좋아했던 윤동주는 명동소학교 4학년 때 아이들을 위한 월간 잡지
《아이 생활》을 구독하기도 했어요. 또 다른 문학 소년이었던 송몽규 역시 마찬가지였지
요. 5학년이 된 이들은 월간 잡지를 직접 만들어 보기로 해요. 친구끼리 글을 써서 편집은
마쳤지만, 윤동주와 친구들은 잡지 이름을 정하지 못했어요.
고민 끝에 당시 담임이던 한준명 목사에게 조언을 구하자, 한준명은 《새 명동》이라는 이
름을 지어 주었지요. 《새 명동》은 이후로도 몇 호 더 발간되었어요.

숭실중학교

1935년 윤동주는 상급 학교 진학을 위해 평양에 있는 숭실중학교 3학년으로 편입해요. 숭실중학교를 다니는 동안, 윤동주는 총 15편의 시를 썼어요. 이전까지는 관념적인 시를 주로 썼지만, 이즈음에는 누구나 쉽게 읽을 수 있는 동시도 쓰기 시작했어요. 15편의 시 중 5편이 동시지요.

윤동주가 동시를 쓰기 시작한 것은 정지용 시인의 영향이 커요. 정지용의 시를 몹시 좋아한 그는 정지용 시집 곳곳에 자기 생각을 적어 놓기도 했어요. 알기 쉬운 말로 솔직한 감정을 표현하는 시들을 감상하며, 그에 영향을 받은 것이지요. 최초로 책으로 인쇄된 시, 〈공상〉 또한 이 시기에 쓴

숭실중학교 시절 윤동주(두 번째 줄 맨 오른쪽)와 문익환(두 번째 줄 가운데) ⓒwikipedia

거예요. 숭실중학교 학생 청년회에서는 《숭실활천》이라는 문예지를 발행했는데, 문예부장이자 은진중학교 시절 친구였던 이영헌의 부탁으로 윤동주가 편집을 맡았어요. 1935년 10월 발간호에는 윤동주의 시가 실렸지요.

그의 문학성이 새로운 문을 열었던 숭실중학교 생활은 일곱 달 만에 끝나고 말아요. 당시 일제는 조선인들에게 신사참배를 강요했는데, 이를 거부하자 총독부는 숭실중학교 교장 윤산온을 파면했어요. 이에 학생들은 강력하게 항의했어요. 일제에 대한 저항 의사를 강하게 드러내기 위해 윤동주는 문익환과 함께 학교를 떠났어요.

연희전문학교

송몽규와 함께 연희전문학교에 입학한 윤동주는 이곳에서 다양한 사람들을 만나고 교류하며 민족의식을 더욱 단단히 하는 한편, 자신만의 시 세계를 만들어 나갔어요. 연희전문학교는 지금의 연세대학교예요.

당시 연희전문학교는 일제의 탄압 속에서도 민족교육의 명맥을 유지하고 있었어요. 우리

학문과 정신을 가르치는 유명 인사들이 교수로 있을 뿐 아니라 독립에 뜻을 품은 젊은이들이 모이는 곳이었지요.

윤동주에게 영향을 끼친 스승 중 한 명은 한글학자인 최현배예요. 최현배의 〈우리말본〉 강의를 통해 체계적으로 한글을 배우면서 더 정확하고 섬세한 언어로 시를 쓰게 되었지요. 그런가 하면 동양사를 강의한 손진태에게서는 민족주의를 배웠어요.

이양하는 영어와 영문학을 가르쳤던 교수예요. 이양하는 수필을 쓰고 시를 좋아했는데, 이 때문에 학생들이 평론이나 시를 써서 이양하에게 조언을 구했다고 해요. 윤동주도 그중 하나였어요. 이양하는 훗날 윤동주에게 자필로 쓴 시집 《하늘과 바람과 별과 시》를 받기도 했어요. 정인섭 역시 영문학을 가르쳤어요. 윤동주는 정인섭의 수업을 들으며 세계 문학을 접하는 한편, 그의 수업에서 기말 과제로 쓴 산문 〈달을 쏘다〉를 조선일보 학생란에 기고하기도 했어요.

윤동주는 이후로도 조선일보에 작품을 써 실었어요. 《소년》이라는 잡지에서 동시 〈산울림〉을 발표하기도 했지요. 1941년에는 강처중, 송몽규 등 친구들과 함께 문과 대학생 문예지인 《문우》를 출간했어요.

릿쿄대학과 도시샤대학

문학 공부를 보다 깊이 하고 싶었던 윤동주는 유학을 결심해요. 당시 조선인이 유학할 수 있는 곳은 일본뿐이었기 때문에, 윤동주는 도쿄의 릿쿄대학 영문과에 입학했어요. 윤동주는 그곳에서 쓴 시를 친구인 강처중에게 보냈어요. 일본 생활 중에 쓴 시는 식민 지배를 받는 사람의 고뇌가 담겨 있지요.

타지 생활로 향수병에 시달리던 윤동주는 송몽규가 있는 교토로 거처를 옮겨 도시샤대학 영문과로 편입해요. 도시샤대학은 윤동주가 좋아하는 정지용 시인이 다닌 곳이기도 했어요. 자유로운 학풍 속에서 유동주는 친구들과 교류하며 보다 안정적인 유학 생활을 보냈어요. 그러다 방학을 맞아 고향으로 돌아갈 준비를 하던 1943년 7월, 유학생을 모아 조선 독립과 민족 문화 수호를 선동했다는 죄목으로 일본 경찰에게 붙잡히고 맙니다.

3 별을 노래하는 마음으로

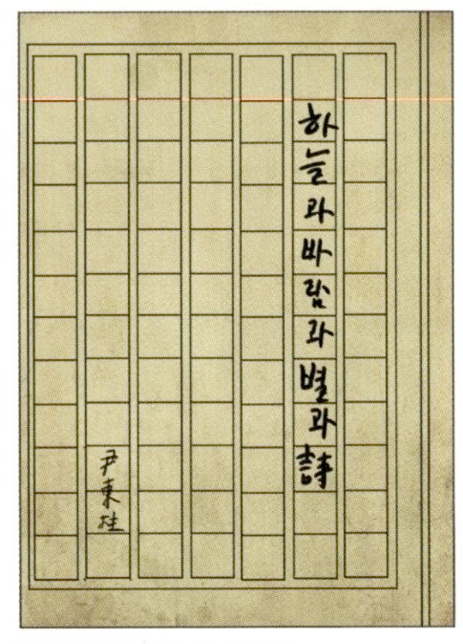

1938년 연희전문학교에 입학한 윤동주는 송몽규, 강처중 등의 친구들과 기숙사에서 생활하게 되었습니다.

그리고 그 조선인의 정체성을 지키는 가장 중요한 열쇠가 바로 우리말이라고 할 수 있습니다.

여러분, 잊지 마십시오. 우리말을 잊는 순간 우리의 역사도 우리 민족도 사라지는 것입니다.

윤동주는 연희전문학교에서 우리말과 글, 역사에 대한 공부를 하면서 한층 더 본격적으로 글쓰기에 몰두했습니다.

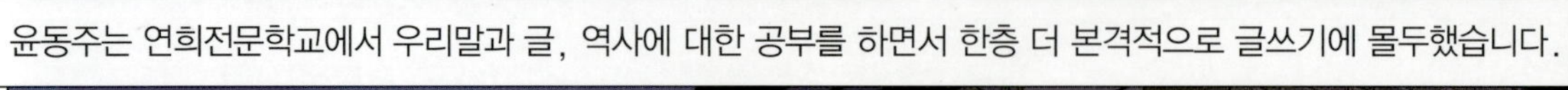

이렇게 늦은 시산에
저 방만 불이 밝혀져 있네.
보나마나
윤동주 방일 거야.
누구?

이번에 문과에 들어온
공붓벌레가 있어.

얼마나 열심인지
기숙사에서 가장 일찍 창문이 열리고
가장 늦게 불이 꺼진다니까.

1940년, 3학년이 된 윤동주는 어느 날 신문을 보던 중 눈에 띄는 글을 발견했습니다.

재미있는 글이네.
글 솜씨도 예사롭지 않고.

어, 마음에 드는 글이 있어서 읽어 보고 있었어.
동주야, 뭐 해?

어? 이건 정병욱이 쓴 글이잖아.

아는 사람이야?
당연하지.
우리 학교 후배야.
원하면 소개해 줄 수 있어.

만나서 반가워.
난 윤동주라고 해.
저도 만나서 반갑습니다.
선배님.
너랑 알고 지낸 지도
어느새 1년이 넘었네.
벌써 그렇게나
됐나요?
국밥
머리
고기
막걸리
집이

두 사람은 문학에 대한 이야기를 나누며 급속도로 가까워져 1년이 지날 무렵에는 함께 하숙을 하기로 했습니다.

1941년 태평양전쟁이 발발하면서 일제의 탄압은 더욱 심해졌습니다.

한글을 쓰는 게 금지되었고 학교와 거리 곳곳에서는 창씨개명과 징집을 강요하는 집회와 선전이 벌어졌습니다.

동주야!
어! 너희들이 학교엔 무슨 일이야?
오늘은 수업이 없다고 하지 않았어?

실은 너랑 상의하고 싶은 일이
있어서 왔어.

상의?

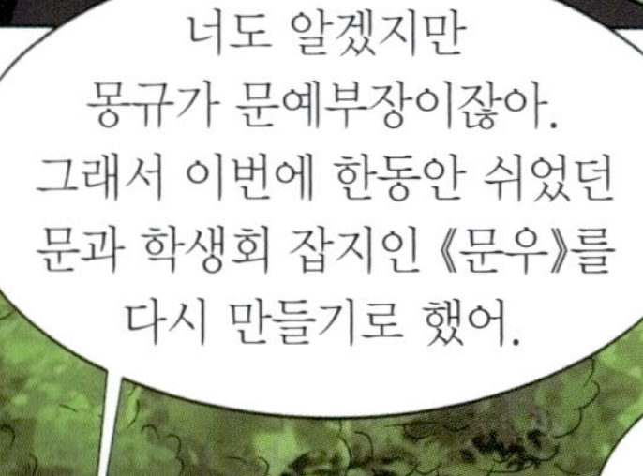

너도 알겠지만
몽규가 문예부장이잖아.
그래서 이번에 한동안 쉬었던
문과 학생회 잡지인 《문우》를
다시 만들기로 했어.

아니야. 편집이랑 발행은
처중이가 하고 난 그냥
곁에서 도와주는 거야.

《문우》를 다시 만든다니,
좋은 생각이다.

그런데 나랑 상의하고 싶은 내용은 뭐야? 설마 내 글을 실으려고?
당연하지. 모처럼 잡지를 만드는데 우리 학교 최고의 문학 소년이 빠지면 안 되잖아.
하지만 내 글은 아직 많이 부족한걸.
야, 윤동주! 할 거야? 말 거야?
아, 알았어. 할게, 할게.
햐햐햐~ 햐햐

근데 한 가지 걱정이 있어.

너희도 알다시피 최근 일제가
더 이상 우리말과 우리글을 못 쓰게 하고 있어.
아마 교내 잡지도 예외는 아닐 거야.

말도 안 돼! 문학이란
그 나라 사람들의 생각과 경험을
담는 건데 그걸 다른 나라 말로
쓸 순 없어! 만약 그런 식이라면
난 글을 싣지 않겠어!

진정해. 동주야.
네 맘은 나도 알고 있어.
그래서 이렇게 다 같이 모여
의논하는 거야.
뭔가 좋은 방법이 없을까?

말도 안 되는 소리!
더 이상 조선의 말과 글은 쓸 수 없다고 몇 번을 말하지 않았나!
그러지 말고 문학작품만이라도 허락해 주세요.
글을 쓰는 사람도 조선인 학생들이고 읽는 사람들도 대부분 조선인 학생일 텐데, 일본어로 문학작품을 만들면 읽을 사람이 없을 겁니다.
그게 무슨 소리야! 지금 일본어가 조선어보다 못하다는 뜻인가?
그, 그런 게 아니라….
콰앙!
그만하게. 잡지는 모두 일본어로 만들지 않는 이상 발행을 허가해 줄 수는 없네.
벌떡!

그럼 시만이라도 허락해 주세요.

시?

시의 특성상 조선어가 아니면 시에 담긴 의미와 감정을 전달하는 데 한계가 있습니다. 제발 시만이라도 조선어로 쓰게 해 주세요.

받아. 어렵게 만든 마지막 《문우》 잡지다.

목차부터 일본어네.

그래도 네가 노력한 덕분에 시는 한글로 실렸어.
우리가 다 같이 노력한 덕분이야.

어쨌든 만족스럽진 않지만 조선어가 금지된 상황에서 이 정도면 불행 중 다행이야. 다들 고생했다.

어이~ 송몽규.
저 자는 일본….
나는 경시청에서 나온 가네야마 형사다.
듣자 하니 자네와 친구들이 조선어금지법을 어기고
조선어가 실린 책을 만들었다고?

그건 허락을 받고 정식으로 출간한 책이라
아무 문제도 없는 걸로 알고 있습니다만.

* **요시찰인** 사상이나 보안 문제로 나라의 감시를 받는 사람

그리고 조선어로 시를 실은 윤동주 자네는 송몽규와 같은 집안 사이더군.

뭐 가까운 사이라면 아무래도 물들기가 쉽지. 그러니 앞으로 조심하는 게 좋을 거야.

그럼 또 보세나.
어양동대포

몽규야….

으아아!
뻑!

선배, 이제 선배도 졸업할 날이 얼마 안 남았네요.
어…, 그러네.

혹시 졸업 기념으로 뭔가 계획 없으세요?

계획?

그러고 보니 좋은 시를 쓰겠다는 다짐만 했지 정작 제대로 된 책 하나 내지 못했네. 더 늦기 전에 뭔가 해야겠어.

응, 졸업 기념으로 그동안 쓴 시들을 모아 시집을 출간할까 해. 한글로 쓴 시 말이야.
네? 한정판 시집을 만들겠다고요!

제 생각엔 좋은 방법이 아닌 것 같아요.
그게 무슨 소리야?

요즘처럼 한글을 탄압하는 시기에 자칫하면 선배가 큰 화를 당할 수도 있어요. 다른 방법을 생각해 보면 어떨까요?

결국 윤동주는 우리글로 시집을 출간하는 대신, 원고지에 일일이 베껴서 필사본 3부를 만들었습니다.

동주 선배!
어서 와. 병욱아!
학교나 하숙집에서 얘기하면 되는데,
뭐 하러 이렇게까지 멀리서 보자고 해요?
그게… 학교나 하숙집 근처는
보는 눈들이 많은 거 같아서….
자, 받아.
이게 뭐예요?

내 시집.

설마 이게 지난번에 선배가 만들겠다고 했던 졸업 기념 시집이에요?
응, 우리글로 내가 직접 쓴 시집이야. 모두 세 권인데 하나는 날 지도해 주신 이양하 교수님께 드렸고, 하나는 너, 나머지 한 권은 내가 가질 생각이야.
이렇게 귀한 걸 나한테…. 고마워요. 평생 잘 간직할게요.

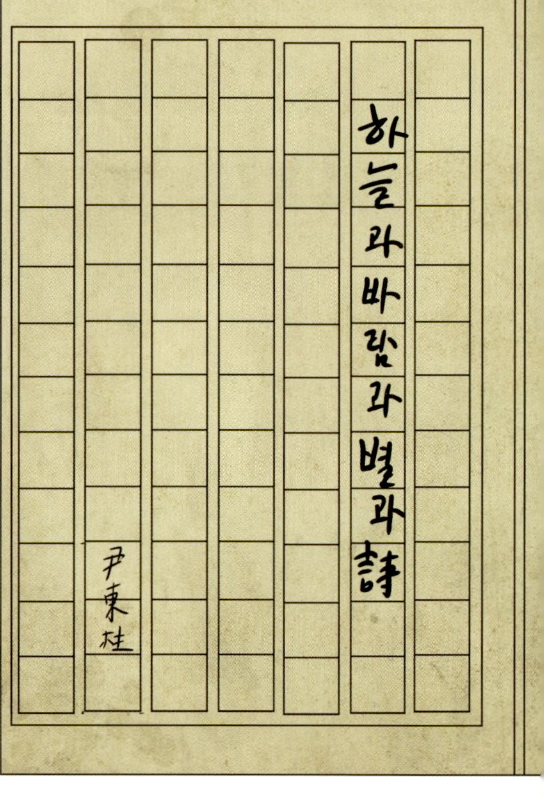

하늘과 바람과 별과 詩
尹東柱

서시

죽는 날까지 하늘을 우러러
한 점 부끄럼이 없기를,
잎새에 이는 바람에도
나는 괴로워했다.
별을 노래하는 마음으로
모든 죽어가는 것을 사랑해야지
그리고 나한테 주어진 길을
걸어가야겠다.

오늘밤에도 별이 바람에 스치운다.

1941. 11. 20.

윤동주의 삶을 함께한 사람들

윤동주가 특유의 섬세하고 아름다운 언어로 만인에게 사랑받는 작품을 쓰기까지 다양한 사람들의 영향을 받았어요. 윤동주가 함께한 사람들은 누구이고, 각각 어떤 영향을 주었는지 알아봐요.

송몽규(1917~1945년)

송몽규는 윤동주의 고종사촌으로, 평생의 벗이자 동반자였어요. 윤동주와 같은 마을에서 나고 자랐으며, 명동소학교와 은진중학교, 연희전문학교와 일본 유학 생활을 함께했어요. 문학 소년이기도 한 송몽규는 윤동주보다 먼저 신춘문예에 당선되어 동아일보에 글이 실리기도 했어요. 이 일은 윤동주에게 큰 자극이 되었지요.

1942년 여름방학 때 사진. 앞줄 가운데가 송몽규 ⓒ윤동주 기념관

은진중학교에서 숭실중학교로 진학한 윤동주와 달리 송몽규는 1935년 3월, 은진중학교를 자퇴하고 난징으로 건너가 군사 훈련을 받고 독립운동에 힘써요. 그러다 1936년 일본에 붙잡혀 조사를 받았어요.

연희전문학교에 입학해서는 문예지 《문우》를 발간하여 민족의식을 고취했어요. 졸업 후에는 일본으로 건너가 교토제국대학 사학과에 입학해요.

송몽규는 교토에서 윤동주를 포함한 친구들과 자주 모임을 가졌는데, 이에 따라 유학생을 모아 조선 독립과 민족 문화 수호를 선동했다는 죄목으로 경찰에 체포됐어요. 이후 징역 2년을 선고받아 윤동주와 함께 후쿠오카 형무소에 수감되지요. 윤동주가 옥사하고 얼마 지나지 않은 1945년 3월 7일, 송몽규도 형무소에서 생을 마감해요.

문익환(1918~1994년)

목사이자 시인인 문익환은 윤동주의 고향 친구예요. 윤동주의 유년 시절을 알려 줄 수 있

는 몇 안 되는 사람이지요. 명동소학교에서 윤동주, 송
몽규와 어울리며 지냈던 문익환은 은진중학교, 숭실중
학교도 윤동주와 함께 다녔어요. 숭실중학교로 전학할
때는 윤동주가 시험을 망쳐 진학을 바로 못 하는 바람
에 문익환보다 한 학년 아래로 배정받았어요. 그래서
윤동주가 충격을 받기도 했지요.

신사 참배 거부로 숭실중학교가 휴교한 이후, 문익환
은 윤동주와 함께 북간도의 광명중학교로 전학 가서
무사히 졸업해요. 그리고는 일본의 동경신학교로 유학
을 가요. 이곳에서 학병이 되기를 거부했다는 이유로
퇴학당한 문익환은 만주의 봉천신학교로 전학하고, 이

통일은 머지 않았다고 연설하는 문익환
ⓒ늦봄문익환기념사업회

후 전도사로 활동하지요. 문익환은 1947년 목사 안수를 받고 목회를 시작해요.

해방 이후에 문익환은 새로운 대한민국의 민주주의를 위해 민주화운동에 헌신했어요.
1976년, 유신 체제에 맞서 신부와 목사, 대학 교수 등이 명동성당에 모여 민주 구국 선언
문을 발표한 '3 · 1 민주 구국 선언' 사건으로 투옥되었어요. 1978년에는 유신헌법을 비판
했다가 다시 수감되었고, 1980년에는 '내란 예비 음모죄'로 또다시 감옥에 갇혔지요. 그가
감옥에 갇힌 기간만 다 더해도 10년이 넘어요.

또한, 1989년에는 조국 통일을 위해 북한을 방문해 김일성과 회담을 하는가 하면 1993년
에는 통일맞이 7,000만 겨레 모임 운동을 펼치기도 했어요. 이처럼 민주화운동과 통일을
이루기 위해 앞장선 문익환은 1994년 병으로 세상을 떠났어요.

정병욱(1922~1982년)

정병욱은 윤동주가 연희전문학교 시절 사귄 벗이에요. 둘은 다섯 살이나 차이가 났지만 누
구보다 가까운 사이였어요. 같은 기숙사에서 지내면서 대부분 함께 식사하고, 달이 밝은
날에는 산책도 했다고 해요.

윤동주가 4학년 때, 둘은 함께 기숙사를 나와 하숙 생활을 했어요. 둘이 서점을 순회하고,
함께 책을 읽는 것이 일상이었어요. 정병욱은 책을 살 때도 반드시 윤동주에게 묻고 살 만
큼 윤동주를 믿고 따랐어요. 윤동주는 정병욱에게 자기의 문학 세계를 깊게 공유했지요.

1948년 서울대학교 국문학과를 졸업한 정병욱은 부산대, 연세대를 거쳐 서울대학교 교수로 부임했어요. 우리 고전문학을 연구하는 한편, 윤동주의 시가 중학교와 고등학교 교과서에 실리도록 하는 등, 윤동주를 세상에 알리기 위해 최선을 다했어요. 《하늘과 바람과 별과 시》도 정병욱이 윤동주에게 선물받은 것을 소중히 간직한 덕에 많은 사람들이 읽어 볼 수 있었답니다.

강처중(1917~?)

강처중은 윤동주의 연희전문학교 동기예요. 윤동주, 송몽규와 함께 핀슨관 3인방으로 불렸지요. 핀슨관은 셋이 생활한 기숙사를 말해요.

강처중은 연희전문학교 재학 당시 문과대학교 학생회인 '문우회'에서 발행한 잡지《문우》의 편집부로 활동했어요. 윤동주가 4학년이었던 1941년에는 문우회장으로서 《문우》의 편집인 겸 발행인을 맡았지요. 간행 실무는 문예부장인 송몽규가 담당했어요. 윤동주가 일본으로 유학을 떠난 뒤, 서울에 남겨 둔 원고와 책뿐 아니라 책상 등 윤동주가 사용했던 물건들은 강처중이 보관했어요. 윤동주는 일본에서 쓴 시를 편지와 함께 강처중에게 보내기도 했지요. 강처중은 윤동주의 물건들을 전부 잘 보관하고 있다가 광복이 된 뒤 유족에게 전달했어요. 오늘날 남아 있는 윤동주의 유품 대부분은 강처중이 보관하고 있던 것들이에요.

강처중, 연희전문학교 졸업 사진
ⓒ연세대학교 박물관

해방 이후에는 경향신문 기자로 활동하며 윤동주의 시 〈쉽게 쓰여진 시〉를 일간지에 소개했어요. 또한 1948년 윤동주 시집 발간을 주도하며 발문을 작성하는 등, 윤동주를 알리기 위해 노력했답니다.

윤영석(1895~1962년)

윤영석은 윤동주의 아버지예요. 북간도로 이주 온 윤동주 집안은 농사를 지어 부를 축적

했어요. 조부인 윤하현과 증조부인 윤재옥이 농사에 집중했던 것과 달리 윤영석은 공부하기로 마음먹어요. 그는 1909년 명동학교에서 신학문을 배우고, 북경으로 유학을 다녀온 뒤 명동학교 교원으로 일해요. 또한 기독교를 믿어 가족이 함께 교회에 나가 예배드렸지요. 윤동주는 이러한 아버지의 영향으로 갓난아기 때 유아세례를 받는가 하면, 어려서부터 민족의식을 키워 나갔어요.

윤영석은 윤동주가 대학에서 의학을 배우길 바랐어요. 동생들에게 문학책을 보내 주며 문학적으로 교류하는 윤동주를 못마땅하게 여기기도 했지요. 하지만 연희전문학교에 진학한 것은 매우 자랑스러워했다고 해요.

정병욱이 건네받은 윤동주의 자선 시집 《하늘과 바람과 별과 시》

윤동주는 졸업 기념으로 자선 시집을 만들어 출판하고자 했어요. 지금껏 써 놓은 시 중 〈별헤는 밤〉을 포함해 열아홉 편을 뽑고, 가장 처음 선보일 〈서시〉를 완성해 총 스무 편의 시를 하나의 시집으로 묶어 77부 한정판으로 인쇄하려고 했지요. 하지만 시집을 받아 본 이양하는 출판을 보류하라고 했어요. 몇몇 작품이 일본의 검열을 통과하기 어려워 보였을뿐더러, 일제가 윤동주에게 해를 끼칠까 봐 우려한 거예요.

윤동주는 시집에 《하늘과 바람과 별과 시》라는 제목을 붙이고 3부의 필사본을 만들었어요. 1부는 정병욱에게, 1부는 스승 이양하에게 주었어요. 윤동주는 고향으로 돌아가 시집을 출간하려고 하지만, 일제의 강한 검열과 탄압과 더불어 경제적 문제 때문에 결국 포기하고 말았지요. 《하늘과 바람과 별과 시》는 정병욱이 보관하고 있던 것만이 전해져 윤동주가 사망하고 광복을 맞은 이후에나 출간될 수 있었어요.

《하늘과 바람과 별과 시》 초판본 ⓒwikipedia

4 🌺 하늘과 바람과 별과 시

연희전문학교를 졸업한 윤동주는 고향집으로 돌아와서, 보다 폭넓은 문학 공부를 하기 위해 유학을 고민했습니다. 하지만 전쟁으로 인해 다른 유학길은 모두 막히고 갈 수 있는 곳은 일본뿐이었습니다.

동주야!
잘 있었어?
응. 너도 별일 없지?
근데 고향집엔 무슨 일이야?
유학 준비 때문에.
유학?
어디로 갈 생각인데?
그야 뻔하잖아.
전쟁 때문에 갈 수 있는 곳이라곤
일본뿐인걸, 뭐.
그럼 창씨개명을
해야 하잖아!

안 그래도 그 문제 때문에
고민이 많았어.

하지만 더 큰 목적을 이루기 위해
잠시 머리를 숙이는 척할 수밖에 없어.

동주야. 우리 같이
일본 교토제국대학에 가서 공부하자.
그곳에 가서 실력을 키운 뒤
일본으로부터 우리나라를
독립시키는 데 힘을 보태는 거야.
몽규야….

결국 송몽규와 함께 교토제국대학에서 공부하기로 결심한 윤동주는
고민 끝에 자신의 이름을 '히라누마도쥬'로 창씨개명했습니다.

하지만 교토제국대학의 입시 시험 결과 송몽규만 합격하고 윤동주는 떨어지고 말았고,
차선책으로 릿쿄대학 문학부 영문과에 입학할 수밖에 없었습니다.

그런데 당시에는 전쟁 중이라 모든 학교 학생이 군사 훈련을 받아야 했는데 릿쿄대학도 예외는 아니었습니다.

전원 주목!

나는 오늘부터 너희들에게
군사 훈련을 가르칠 육군 대좌
이지마 노부유키다.

* **삭발** 머리털을 손에 잡히지 않을 만큼 짧게 깎음

거기 누가 수군거리나!
척. 척. 척.
네놈이 떠들었나?
아니요. 전 아무 말도 안 했습니다.
시끄럽다!
뻑!!
털썩!

너 같은 조센징은 내가 잘 알지.

대일본 제국의 은혜도 모르고
툭하면 뒤에 숨어서 불평불만만 늘어놓는
버러지 같은 놈들.

경고하는데
또 쓸데없는 소리를 늘어놓으면
용서하지 않을 것이다.
후다닥

나쁜 놈.

모두 훈련을 받을 준비가 잘되었군.

딱 한 사람 빼고 말이야.

왜 삭발을 하지 않았지? 분명 내 명령을 거역하지 말라고 했을 텐데.
저는 이 학교에 문학 공부를 하러 왔지, 군사 훈련을 받으려고 온 것이 아닙니다. 그리고 저는 조센징이 아니라 자랑스러운 조선인입니다.
뭐라고?
꽉!
네놈이 정말 죽고 싶은 모양이구나.

결국 이 사건으로 윤동주는 강제로 머리를 짧게 잘린 후, '군사 훈련'에 대한 반감으로 도시샤대학으로 편입하게 되었습니다.

마침 그곳이 교토제국대학과 가까운 덕에 윤동주는 다시 송몽규를 만나게 되었습니다.

몽규야. 너랑 다시
지내게 돼서 너무 기뻐.

하여간 넌 이 형님이
없으면 안 된다니까.

교토제국대학 사학과에 다니던 송몽규는 교토에 있는 조선인 학생들을 모아 비밀리에 모임을 갖고 있었습니다.

여러분도 알다시피
현재 일본은 전쟁에 필요한
병사들을 확보하기 위해

우리 조선인 학생들에게까지
징병의 손을 뻗치고 있습니다.

안 그래도 그것 때문에 고민입니다.
우리가 왜 일본인을 위해
전쟁에 끌려가야 하는지 모르겠어요.

맞습니다.
저 역시 일본놈들 때문에 우리 조선인들이
전쟁에서 희생되는 것을 반대합니다.
하지만 현실적으로 피할 수 없다면
그 안에서 우리가 얻을 수 있는 게
무엇인지 생각해 봐야 합니다.

그게 무슨 뜻이죠?
제 말은 독립을
실현하기 위한 수단으로
일제의 징병 제도를 역이용해야
한다는 말입니다.

역이용?

즉, 일제의 징병 제도를 통해
우리 민족이 군사 지식을 습득한 후,
일본의 패전이 분명해질 때
무력 봉기를 실행해
독립을 쟁취해야 합니다!

몽규야. 아까 네가 했던 얘기. 무슨 뜻인지는 알겠지만 너무 위험하지 않을까?
난 우리가 학생으로서 역사와 문학을 연구하고 지켜 나가는 게 더 나은 방법이 아닐까 싶어.
동주야. 너무 걱정하지 마. 이제 일본 패망은 얼마 남지 않았어. 그때를 위해 우린 적극적으로 독립을 준비해야 해.
하지만 일본 경찰들은 이런 조선 학생들의 움직임을 몰래 추적하고 있었습니다.

쌍아아
도장
26
탓
탓
탓
으~
갑자기 웬 비람.
송몽규!
멈
칫
훠
탓
탓

퍽!
얌전히 있어!
털
벅
이거 놔!

1943년 7월 14일
빠아아악
윤동주!
콰
쾅!
무, 무슨 일입니까?
널 치안유지법 위반과
'재교토 조선인 학생 민족주의 그룹 사건'의
관련 인물로 체포한다.

모든 소지품을 압수해!

아, 안 돼!

그만 자백하시지!
교토에 있는 너희 조선인 학생들이
대일본 제국을 혼란에 빠뜨릴 목적으로
끔찍한 테러를 계획한 거 맞잖아!
그런 적 없습니다.
그럼 이 괴상한 시는 뭐야?
쾅!
네놈이 한글로 쓴 시 말이다!
이게 불법이라는 거 몰라?

몰라요.
전 아무것도 모릅니다.

말로 해서는 안 되겠군.
탁
탁

피,
퍽!
퍽!
아악,
퍽!
내

송몽규와 함께 일본 경찰에게 체포된 윤동주는 재판을 받은 끝에
1944년 3월, 징역 2년형을 선고받았습니다.

피고 윤동주는 금지된 조선어로 글을 썼을 뿐 아니라
평소 불온한 모임을 통해 독립운동을 한 죄로
치안유지법 제5조에 의해 징역 2년형에 처한다.

땅. 땅.
땅.

안 돼.
몽규야! 몽규야!

동주야! 희망을 잃으면 안 돼!
어떡하든 살아서 보자!

몽규야!

후쿠오카 형무소에 수감된 윤동주는 고향에 있는 동생들과 한 달에 한 번씩
편지를 주고받으며 감옥 생활을 버텨 나갔습니다.

그러고 보니 마지막으로 고향 집에 간 게 벌써 2년 전인가?
자, 찍습니다! 하나 둘 셋!
찰
칵
그때 친구들이랑 참 즐거웠는데…. 다시 만날 수 있을까?

아니야. 내가 지금 무슨 생각을 하는 거야?

이런 나약한 생각은 안 돼. 일본에게 절대 지지 않을 거야.

어떡하든 살아서 돌아가겠어.

하지만 후쿠오카 형무소 감옥에서 정체를 알 수 없는 주사를 맞는 동안 윤동주의 건강은 점점 나빠졌습니다.

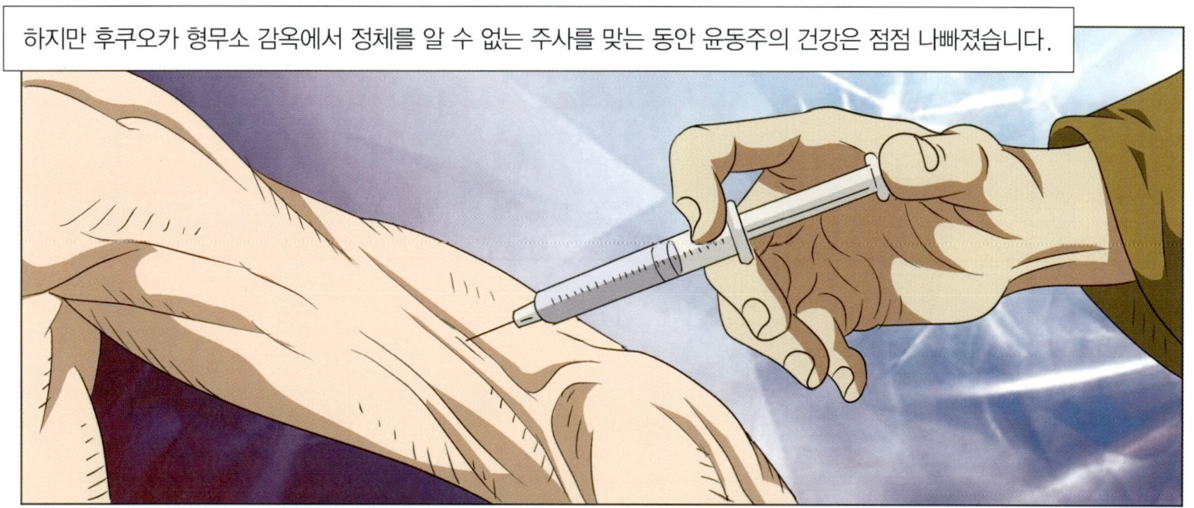

콜
록.
콜
록.
콜
록.
콜
록.

콜
록.
콜
록.

쇳덩어리가 온몸을 누르고
있는 것 같아.

475번! 식사다.
턱.

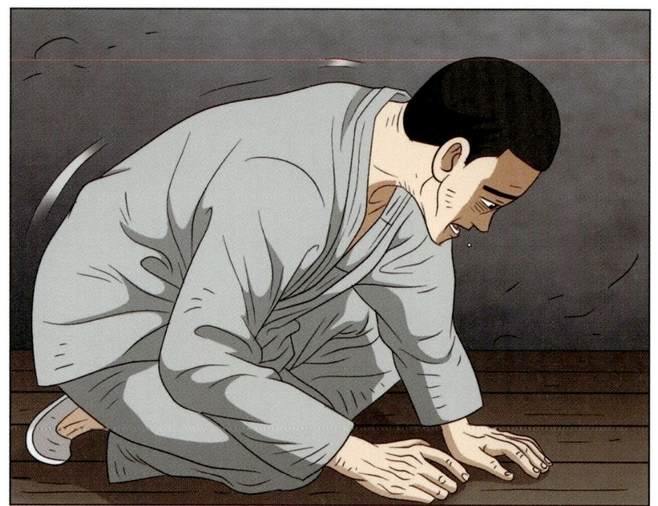

아… 몽규 집에서 먹은 음식이 그리워.

정말 맛있었는데….

하하
하하
콜록.
콜록.
콜록.
콜록.
콜록.

친구들은 모두
잘 지내고 있을까?

몽규… 익환이… 병욱이….

처중이에게 보낸
내 소지품과 편지는
잘 도착했을까?

엄마, 아빠, 할아버지, 동생들…
모두 보고 싶어.

태양을 향해 날아간 이카루스처럼
하늘을 날 수 있다면 얼마나 좋을까?

대한독립 만세!!

475번! 내 말 안 들려?

끼익.

475번! 아침부터 무슨 소란이야?

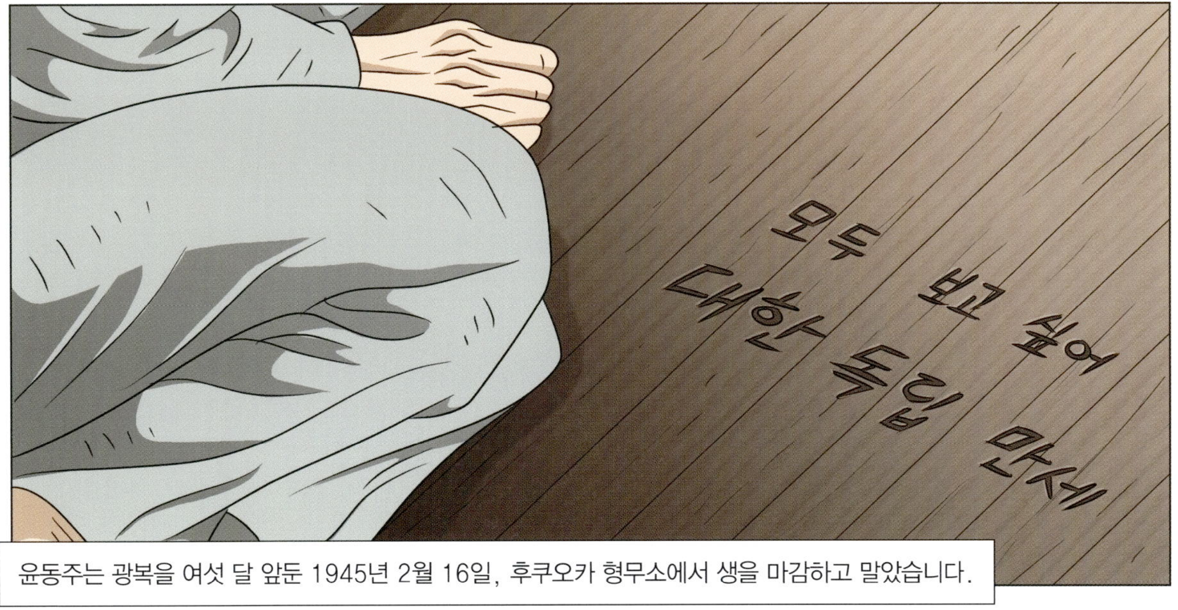

윤동주는 광복을 여섯 달 앞둔 1945년 2월 16일, 후쿠오카 형무소에서 생을 마감하고 말았습니다.

윤동주의 문학과 삶

윤동주는 일제 치하의 조선 상황에 대한 안타까움과 설움, 아무것도 하지 못하는 무력한 자기 자신에 대한 반성을 시에 담았어요. 윤동주의 대표 시를 살펴보며 시에 담긴 의미와 윤동주의 삶을 알아봐요.

〈별 헤는 밤〉

계절이 지나가는 하늘에는
가을로 가득 차 있습니다.

나는 아무 걱정도 없이
가을 속의 별들을 다 헤일 듯합니다.

가슴 속에 하나 둘 새겨지는 별을
이제 다 못 헤는 것은
쉬이 아침이 오는 까닭이오,
내일 밤이 남은 까닭이오,
아직 나의 청춘이 다하지 않은 까닭입니다.

별 하나에 추억과
별 하나에 사랑과
별 하나에 쓸쓸함과
별 하나에 동경과
별 하나에 시와
별 하나에 어머니, 어머니,

어머님, 나는 별 하나에 아름다운 말 한마디씩 불러봅니다. 소학교 때 책상을 같이 했던 아이들의 이름과 패, 경, 옥 이런 이국소녀들의 이름과 벌써 애기 어머니 된 계집애

들의 이름과, 가난한 이웃사람들의 이름과, 비둘기, 강아지, 토끼, 노새, 노루, 「프란시
스·쟘」 「라이너·마리아·릴케」 이런 시인의 이름을 불러봅니다.

이네들은 너무나 멀리 있습니다.
별이 아슬히 멀 듯이,

어머님,
그리고 당신은 멀리 북간도에 계십니다.

나는 무엇인지 그리워
이 많은 별빛이 나린 언덕 위에
내 이름자를 써보고,
흙으로 덮어 버리었습니다.

딴은 밤을 새워 우는 벌레는
부끄러운 이름을 슬퍼하는 까닭입니다.

그러나 겨울이 지나고 나의 별에도 봄이 오면
무덤 위에 파란 잔디가 피어나듯이
내 이름자 묻힌 언덕 위에도
자랑처럼 풀이 무성할 게외다.

1941. 11. 5.

<별 헤는 밤>은 윤동주가 연희전문학교에 다니던 시절 쓴 시로, 가을밤 하늘을 보
며 느낀 그리움을 어머니에게 보내는 편지 형식으로 이야기하고 있어요. 시의 화자
는 밤하늘의 별을 보며 어린 시절을 떠올려요. 패, 경, 옥과 같은 이국 소녀들의 이
름을 통해 북간도에서 보낸 윤동주의 소학교 시절을 엿볼 수 있어요.

그리움의 대상인 어머니에게 어머니와 유년 시절에 대한 그리움, 그리고 멀리 있어 안타까운 마음을 토로하던 화자는 자신의 이름을 부끄러워하며 흙으로 덮어 버립니다. 윤동주는 조선인이 핍박받는 현실에 분노하며 민족을 위해 힘쓰지 못하는 자신을 부끄러워했어요. 이러한 끊임없는 고뇌와 자아 성찰은 윤동주의 작품에도 곧잘 드러나는데, 〈별 헤는 밤〉에서는 '부끄러운 이름'이라는 시어로 확인할 수 있지요. 그러나 윤동주는 좌절하지 않아요. 화자가 자신의 이름자가 묻힌 언덕에 언젠가 풀이 무성할 거라고 말하는 것처럼, 언젠가 우리나라도 반드시 독립을 이룰 것이라고 희망을 놓지 않습니다.

〈반딧불〉

가자, 가자, 가자,
숲으로 가자.
달쪼각을 주으러
숲으로 가자.

그믐밤 반딧불은
부서진 달쪼각

가자, 가자, 가자,
숲으로 가자.
달쪼각을 주으러
숲으로 가자.

〈반딧불〉은 1937년에 쓴 것으로 추정되는 동시예요. 화자가 반딧불을 주우러 숲으로 가자고 하는데, 반딧불을 '부서진 달쪼각'이라고 표현한 것이 재미있어요. 동시를 읽으면 어두운 밤, 작은 불빛을 쫓아 신나게 숲을 헤맬 아이들이 그려지지만, 윤동주가 살았던 시대적 배경을 생각하면 〈반딧불〉은 마냥 즐겁고 평화로워 보이지만은 않아요.

화자가 반딧불을 주우러 가자고 하는 날은 그믐밤이에요. 달이 잘 보이지 않는 어두운 밤이지요. 밤하늘에 있어야 할 달은 조각나 있어요. 화자는 반딧불을 '잡으러' 가자고 하는 게 아닌, '주우러(주으러)' 가자고 해요. 원래 있어야 했던 것을 되돌리고자 한다고 볼 수 있지요. '달쪼각을 주으러 가자'고 강하게 이야기함으로써, 어두운 현실에도 굴하지 않고 너무나도 당연한 독립을 염원했다고 해석할 수 있어요.

〈서시〉

죽는 날까지 하늘을 우러러
한점 부끄럼이 없기를,
잎새에 이는 바람에도
나는 괴로워했다.
별을 노래하는 마음으로
모든 죽어가는 것을 사랑해야지
그리고 나한테 주어진 길을
걸어가야겠다.

오늘밤에도 별이 바람에 스치운다.

1941. 11. 20.

〈서시〉는 윤동주가 졸업 기념 시집을 기획하며 맨 처음에 선보이기 위해 쓴 시예요. 지금까지의 삶에 대한 성찰과 앞으로의 각오가 시에 고스란히 담겨 있어요. 지식인으로서 항상 부끄러워했던 윤동주의 심경은 시의 앞부분에 그대로 드러나요. 하지만 윤동주는 좌절하지 않고 앞으로 어떻게 살아갈지 각오를 다집니다. 〈서시〉를 통해 어려운 현실에 굴하지 않고 민족을 사랑하고 부끄럽지 않은 삶을 살고자 했던 윤동주의 마음을 짐작할 수 있어요.

1945년, 일본의 무조건 항복으로 우리나라는 마침내 독립을 하게 되었습니다.

얼마 뒤, 학도병으로 끌려갔던 정병욱은 무사히 고국으로 돌아올 수 있었습니다.

병욱아,
살아 돌아와 줘서 고맙다.
어머니.

동주 선배의 필사본이
무사하구나. 정말 다행이야.

강처중 선배!
병욱아! 무사히 잘 다녀왔구나!
네, 전 괜찮아요. 그보다 동주 선배가….
나도 들었다. 동주가 감옥에서 그만….
몇 달만 더 버텼으면 그토록 꿈꾸던 독립된 나라에서 좋아하는 시를 쓰며 살 수 있었는데.
…

그래서 말인데 동주 선배를 위해
책을 하나 만들고 싶어요.
책?
사실 동주 선배가
학교를 졸업할 때 저한테 맡겨 두었던
시집이 하나 있거든요.
오! 굉장한걸.
동주가 이런 시를 남기다니!
마침 나한테도 유학 중에 보내온
시가 몇 편 있으니 그 작품까지 더해서
시집을 한번 만들어 보자.
네, 좋아요!

1948년 1월 30일, 마침내 정병욱과 강처중 등의 오랜 노력 끝에 윤동주의 시집 《하늘과 바람과 별과 시》가 처음으로 출판되었습니다.

문학을 사랑하고 조국을 사랑한 고뇌하는 젊은 시인 윤동주. 비록 그의 삶은 짧게 끝나고 말았지만, 그가 남긴 시는 여전히 우리 곁에 남아 평화와 자유를 꿈꾸는 모든 이들에게 위로와 감동을 전하고 있습니다.

윤동주 기념관

윤동주가 다녔던 연희전문학교는 오늘날의 연세대학교예요. 연세대학교는 윤동주를 기리는 일에 앞장섰어요. 윤동주 추모제를 하는가 하면 윤동주 시비를 대학 내에 세우기도 했지요. 2013년에는 윤동주의 유족에게 유품을 기증받았고, 2019년에는 윤동주 문학동산을, 2020년에는 윤동주 기념관을 만들었어요. 기념관은 연세대학교 동문

연세대학교 교정 안에 있는 윤동주 기념관

들의 후원으로 설립되었는데, 해당 건물은 실제로 윤동주가 생활했던 기숙사라고 해요. 그만큼 뜻깊은 기념관이지요.

윤동주 기념관에 다다르기 전, 윤동주 문학동산을 먼저 둘러볼 수 있어요. 이곳에는 최초의 윤동주 시비인 〈서시〉 비가 세워져 있는데, 사람들은 이곳에 헌화하며 윤동주를 추모하기도 해요.

윤동주 기념관은 3층으로 이루어져 있어요. 1층에는 윤동주와 관련된 전시실이 있고, 2층에는 윤동주를 다룬 출판물들을 수집하고 있어요. 3층에서는 윤동주에 대해 이야기하는 여러 인물들의 인터뷰 영상을 볼 수 있어요. 이밖에도 특별 전시가 열리거나 각종 강연, 행사가 열리곤 한답니다.

1층은 총 일곱 개의 전시실로 이루어져 있는데, 전시실에는 각각 〈서시〉, 〈별똥 떨어진 데〉, 〈소년〉 등 윤동주의 작품 이름이 붙어 있어요. 윤동주는 124편의 시와 산문, 스크랩북 1권, 소장 도서 42권을 남겼는데, 이것들이 전시실의 주제에 맞게 전시되어 있어요. 원한다면 도슨트에게 자세한 설명을 들을 수도 있지요.

이곳의 전시물들은 특이하게도 서랍에 전시되어 있어요. 종이는 빛에 닿으면 손상될 수 있기 때문에 이러한 전시 형태를 취한 거예요. 여러 개의 서랍 중 어떤 것을 열어도 윤동주의 작품을 만날 수 있어요.

첫 번째 전시실인 〈서시〉에서는 윤동주가 직접 쓴 원고와 윤동주가 생전에 지녔던 책들이 전시되어 있어요. 두 번째 전시실 〈별똥 떨어진 데〉에서는 해방과 한국전쟁이 있었던 격변기에 윤동주 유족과 친구들이 그의 원고를 어떻게 보관하고 시집을 후손이 만나게 할 수 있었는지 과정을 보여 주고 있어요. 세 번째 전시실인 〈소년〉은 윤동주의 어린 시절을 엿볼 수 있어요. 당시 북간도의 독립운동 구심점 역할을 했

윤동주 기념관 앞에 있는 윤동주 시비

던 명동촌에서 나고 자란 윤동주가 어떻게 한국 시인으로서 자신의 정체성을 형성했는지 살펴볼 수 있어요. 또, 네 번째와 다섯 번째 전시실에서는 연희전문학교에 다니던 윤동주에 대해 알 수 있어요. 스승, 친구들과의 교류를 통해 성장한 윤동주의 모습을 보여 준답니다.

이곳에는 윤동주가 실제 생활했던 기숙사 방을 그대로 재현해 놓았어요. 시간을 되돌려 당시 윤동주가 어떤 마음이었을지를 상상해 볼 수 있지요. 미디어아트 전시실에서는 윤동주의 고향 명동촌에서 직접 녹음해 온 자연의 소리와 4개 국어로 낭송되는 윤동주의 〈서시〉를 들어 볼 수 있답니다.

여기서 잠깐 | 윤동주의 발자취를 따라 걷는 동주산책길

윤동주는 평소 산책을 즐겨 했다고 해요. 윤동주 기념관 앞에는 그런 윤동주를 기리면서 마련한 동주산책길이 있어요. 동주산책길은 윤동주 문학동산에서 시작해요. 문학동산을 따라 내려오면 보이는 돌계단은 1941년 윤동주가 친구들과 졸업 사진을 찍었던 곳이에요. 계단 아래에는 문학마당이 마련되어 있는데, 거기서 윤동주를 비롯해 연세대학교 동문 작가들의 시를 감상할 수 있어요. 계단을 올라가면 보이는 본관 건물들 역시 윤동주와 관련이 있어요. 윤동주는 이곳에서 수업을 듣는가 하면 강의가 없을 때에는 건물 앞 정원을 산책하곤 했다고 해요.

이후 만나는 청송대는 '소나무 소리를 듣는다'는 뜻을 지닌 작은 소나무 숲이에요. 윤동주의 산문 〈달을 쏘다〉에서 윤동주가 기숙사 창가에 앉아 귀를 기울이던 소나무 소리가 바로 이곳에서 나는 소리이지요. 이곳 청송대에서 윤동주가 이양하에게 자필 시집을 전했어요.

동주산책길은 100년이 넘은 노천극장을 지나 윤동주가 날마다 지나다녔을 백양로에서 끝이 나요. 윤동주 기념관을 간다면, 동주산책길도 한번 거닐어 보세요.

	선사 시대 및 연맹 왕국		삼국 시대	남북국 시대

*BC : 기원전

후삼국 시대	고려 시대	조선 시대	대한 제국	일제 강점기	대한 민국

900　1000　1100　1200　1300　1400　1500　1600　1700　1800　1900　2000

발해
698~926

대조영(발해)

901~918 후고구려

궁예(후고구려) 　견훤(후백제)

900~936 후백제

918~1392
고려

왕건(고려)

1392~1910
조선

이성계(조선)

1897~1910 대한 제국

1910~1945 일제 강점기

1945~현재 대한민국

윤 동 주

암울한 현실에서 희망을 노래한 민족 시인, 윤동주

　오늘은 시인 윤동주의 생애를 알아보겠습니다. 윤동주는 머나먼 북간도 명동촌에서 태어났습니다. 명동촌은 조선인들이 북간도로 이주해 만든 마을입니다. 윤동주는 민족교육에 힘썼던 명동소학교를 다녔습니다. 윤동주는 상급 학교 진학을 위해 은진중학교를 거쳐 평양에 있는 숭실중학교로 전학을 갑니다. 그러나 신사 참배 거부로 학교가 무기한 휴교에 들어가는 바람에, 숭실에서의 학교생활은 오래 이어지지 못해요.

　윤동주는 어려서부터 문학을 사랑하는 소년이었습니다. 소학교 5학년 때 고종사촌인 송몽규와 함께 《새 명동》이라는 잡지를 만드는가 하면, 숭실중학교 문예지인 《숭실활천》에 시 〈공상〉을 싣기도 했어요.

　연희전문학교로 진학한 후에는 이양하 교수에게 시에 대한 조언을 구하며 보다 섬세한 언어로 시를 쓰게 되었지요. 또한 같은 기숙사에서 지낸 송몽규, 강처중, 정병욱과 서로 문학적인 영향을 주고받았어요. 〈별헤는 밤〉, 〈서시〉 등이 실린 윤동주의 유일한 시집 《하늘과 바람과 별과 시》가 바로 이를 밑바탕으로 나왔습니다. 윤동주는 졸업 기념으로 시집을 출간하고자 합니다. 비록 당시에 출간은 좌절되었지만, 정병욱 덕분에 •해방 후 출간될 수 있었어요.

　윤동주는 일본 유학 도중 조선 독립과 민족 문화 수호를 •선동했다는 이유로 끌려가요. 그리고 독립을 몇 개월 앞두고 후쿠오카 형무소에서 숨지고 말지요. 비록 독립을 직접 보지는 못했으나, 윤동주의 간절했던 바람이 그대로 시에 담겨 있기 때문에 오늘날까지 많은 사랑을 받는 것이겠지요?

1 윤동주가 다닌 학교를 순서대로 알맞게 나열한 것을 고르세요.

① 명동소학교 – 숭실중학교 – 은진중학교 – 연희전문학교

② 명동소학교 – 은진중학교 – 숭실중학교 – 연희전문학교

③ 명동소학교 – 은진중학교 – 연희전문학교 – 숭실중학교

④ 은진중학교 – 명동소학교 – 연희전문학교 – 숭실중학교

2 다음 중 윤동주의 친구가 **아닌** 인물을 고르세요.

① 강처중   ② 송몽규

③ 이양하   ④ 정병욱

3 다음 중 윤동주의 작품이 **아닌** 것을 고르세요.

① 〈향수〉   ② 〈공상〉

③ 〈별헤는 밤〉   ④ 〈서시〉

4 다음 중 윤동주에 대한 설명으로 옳지 **않은** 것을 고르세요.

① 명동소학교 5학년 때 고종사촌인 송몽규와 함께 《숭실활천》이라는 잡지를 만들었
어요.

② 숭실중학교에 진학했으나, 신사참배 거부로 학교가 휴교했어요.

③ 졸업 기념으로 《하늘과 바람과 별과 시》를 출간하고자 했어요.

④ 일본 유학 도중 후쿠오카 형무소로 끌려가 그곳에서 숨졌어요.

낱말 풀이

- **해방** 1945년 8월 15일에 우리나라가 일본 제국주의의 강점에서 벗어난 일
- **선동** 남을 부추겨 어떤 일이나 행동에 나서도록 함

동주에게

오랜만에 소식 전한다. 내가 중국으로 떠나온 지도 벌써 1년이 다 되어 가는구나. 명동촌에서 나고 자라 은진중학교에서 공부할 때까지, 마치 형제처럼 모든 일을 함께했는데 이렇게 떨어져 지내니 새삼 너의 빈자리를 크게 느낀다.

나는 그동안 •군관학교에서 군사 훈련을 받았다. 김구 선생님이 세운 학교지만 실질 김구 선생님이 자주 오시지는 않아. 그래도 이 한 몸 바쳐 독립운동을 위해 헌신할 수 있다니 무척 보람차다. 평양에서 생활은 어떠하냐. 익환이보다 한 학년 아래로 들어갔다니, 퍽 속상해할 네 모습이 절로 그려진다. 그래도 크게 될 사람은 늦게 성공하니 1년 차이로 너무 속상해하지 않았으면 한다.

새 학교의 문예지에 네 시가 실렸다지? 새삼 우리가 《새 명동》을 만들 때가 떠오르는구나. 둘이 항상 어린이 잡지를 보다가 기어이 직접 만들었을 때 참으로 즐거웠는데. 비록 나는 글쓰기를 관두고 훈련받고 있지만, 여전히 글을 쓰고 있는 네 모습을 생각하니 나 역시 덩달아 즐거워진다. 요즘에는 어떤 시를 쓰고 있느냐? 동시를 쓴다는 이야기에 무척 놀랐다. 정지용의 시를 즐겨 읽는다더니 영향을 많이 받은 모양이야. •관념적인 시를 쓰던 네가 읽기 쉽고 솔직한 시를 쓰기도 한다니, 상상이 되질 않아. 다시 만나는 날 네가 쓴 동시를 보여 다오.

하루빨리 독립을 이루어 예전처럼 너와 마음 편히 이야기를 나누고 싶다. 그때는 나도 놓았던 글을 다시 쓰고 싶구나. 그러기 위해 나는 내가 할 수 있는 일을 하련다.

너의 벗 몽규

1 송몽규에 대한 설명으로 옳은 것을 고르세요.

① 윤동주의 형제예요.

② 윤동주와 함께 평양에 있는 학교로 진학했어요.

③ 군관학교에 진학하여 군사 훈련을 받았어요.

④ 글에는 전혀 재능이 없었어요.

2 다음 문장을 읽고, 밑줄에 들어갈 알맞은 말을 써 보세요.

> 문학에 관심이 많았던 송몽규와 윤동주는 어린 시절, 어린이 잡지를 즐겨 보았어
> 요. 또한 둘이 함께 _______________________ 이라는 잡지를 만들기도 했어요.

3 편지를 통해 알 수 있는 윤동주의 모습으로 알맞은 것을 고르세요.

① 중국에 있는 학교에 진학했어요.

② 친구보다 한 학년 위의 학급에 들어가서 기뻐했어요.

③ 김구의 영향을 받았어요.

④ 동시를 쓰기도 했어요.

4 다음 중 윤동주가 영향을 받은 시인을 고르세요.

① 김구   ② 정지용

③ 송몽규   ④ 문익환

✏️ 낱말 풀이

- **군관학교** 병사나 사관을 장교로 양성하는 군사 교육 기관
- **관념** 현실에 의하지 않는 추상적이고 공상적인 생각

총독부, 학도병 모집 감행

1944년 1월 19일부터 20일까지 양일에 거쳐 총독부가 조선의 학생들을 강제로 군에 입대시켰다. 1943년 10월, 병역법 일부가 개정된 지 약 3개월 만이다.

학생들의 일본군 입대는 이전부터 논란이 되어 왔다. 1937년 중일전쟁이 벌어졌을 때, 일제는 만 17세 이상의 학생들에게 육군 지원을 허가했다. 그러나 말이 지원일 뿐, 실제로는 경찰을 대동하여 육군 지원을 강요했다.

일제의 만행은 거기서 그치지 않았다. 태평양전쟁 이후, 일제는 지원에서 더욱더 강제적인 징병으로 정책을 바꾸었다. 태평양전쟁이란 1941년 12월에 발발한 전쟁으로, 서양의 일본 경제 봉쇄 정책에 반발한 일제가 미국 해군 기지가 있는 하와이 진주만을 기습 공격하며 시작되었다. 전쟁 초반에는 필리핀을 •함락시키고 오스트레일리아를 위협하는 등 일제가 우위를 점하는 듯 보였으나, 미국이 반격을 시작하며 전세가 빠르게 뒤집혔다.

문제는 이 과정에서 병사가 더 필요하게 되었다는 점이다. 일제는 1943년 10월, 병역법을 개정해 그동안 학업을 이유로 징병을 유예받았던 고등·전문학교 이상 재학 중인 학생들을 강제징병하겠다고 발표했다.

이러한 조치는 가뜩이나 일제의 탄압에 불만이 많았던 학생들의 반발을 불러일으켰다. 서울 시내의 각 학교 대표들은 학병 거부 이유서를 작성해 총독부에 보내기도 했다. 조선 학생들의 강력한 반발에도 불구하고 총독부에서는 •학도병 징병을 감행하였다. 징병뿐 아니라 전쟁 지원에 필요한 노동력 충원을 위해 강제징용도 이루어지고 있기 때문에 조선인 전체가 불안에 떨고 있다.

1 다음 중 태평양전쟁에 대해 **잘못** 이야기한 것을 고르세요.

① 1941년 12월에 일어났어요.

② 일본이 영국과 벌인 전쟁이에요.

③ 일본이 하와이 진주만을 기습 공격했어요.

④ 처음에는 일본이 유리했어요.

2 다음 중 학도병에 대해 알맞게 이야기한 것을 고르세요.

① 학생 신분으로 군인이 된 사람을 말해요.

② 태평양전쟁 이후로는 사라진 제도예요.

③ 개정된 법에 따라 전문학교 학생들은 징병당하지 않았어요.

④ 우리나라 독립을 위해 싸웠어요.

3 아래 용어에 대한 설명을 찾아 선으로 이어 보세요.

① 강제징병 •

　　　　　　　　• ㉠ 전쟁 지원에 필요한 노동을 시키려고 데려간 일을 말해요.

　　　　　　　　• ㉡ 침략 전쟁을 위해 강제로 군인으로 뽑아 간 일을 말해요.

② 강제징용 •

　　　　　　　　• ㉢ 전쟁에 필요한 물자들을 빼앗아 간 일을 말해요.

✏️ **낱말 풀이**

● **함락** 적의 성, 요새, 진지 따위를 공격하여 무너뜨림
● **학도병** 학생 신분으로 군대에 들어간 병사. 또는 그 군대

누가 뭐라 해도, 내 이름은 윤동주

일본 생활에도 제법 익숙해졌다. 교토제국대학에 떨어지고 몽규와 헤어져 홀로 도쿄의 릿쿄대학에 입학했을 때는 •막막하기만 했다. 릿쿄대하에서는 우릴 군인처럼 훈련하려고 하니 도저히 견딜 수가 없었다. 그러나 교토로 옮겨와 도시샤대학에 다니고부터는 몽규와도 자주 만날 수 있어 마치 어린 시절로 돌아간 것 같은 기분이다. 다만 한 가지, 절대 익숙해질 수 없는 것이 있다. 이름. 아버지에게 물려받은 내 성은 낯선 네 글자의 성으로 바뀌었고, 나의 이름 역시 한자만 같을 뿐, 그 음은 전혀 다른 것이 되었다.

수업에서 출석을 확인할 때마다 '히라누마 도쥬'라고 불리면, 부끄러워 쥐구멍에라도 숨고 싶다. 나는 엄연히 조선 사람인데, 어찌 일본식 이름으로 불려야 한단 말인가. 일본 유학만 아니었으면 내 이름, 윤동주로 계속해서 살았을 것이다. 그러나 몽규와 나의 목표를 이루기 위해서는 일본 유학은 필요한 일이었다. 우리의 문화를 연구하고 민족의식을 고취해 조선의 독립을 이루기 위해서는 끊임없이 공부해야 하는데, 우리가 다녔던 연희전문학교에서 공부만으로는 부족했다. 더 깊이 있는 공부를 위해 결심한 유학이지만, 이름은 생각지도 못한 난관이었다. 해외 유학은 일본이 아니면 가지를 못하는데, •창씨개명을 해 일본식으로 이름을 바꾸지 않으면 일본으로 가는 데 필요한 서류조차 뗄 수 없다니……. 나라 잃은 설움과 현실에 굴복하고 말았다는 부끄러움에 몸 둘 바를 모르겠다.

굴욕적으로 이름까지 바꾸며 오른 유학길, 언젠가는 반드시 나라를, 이름을 되찾을 것이다. 그날을 하루라도 앞당기기 위해, 내가 할 수 있는 일을 해야겠다.

1 다음 중 윤동주가 다닌 학교가 아닌 것을 고르세요.

① 연희전문학교　　　　　　② 릿쿄대학

③ 도시샤대학　　　　　　　④ 교토제국대학

2 다음 중 윤동주가 유학을 결심한 이유로 알맞은 것을 고르세요.

① 일본 문학에 관심이 생겼기 때문이에요.

② 해외 생활을 해 보고 싶었기 때문이에요.

③ 독립을 위해 우리 문화를 연구하고 싶었기 때문이에요.

④ 일본을 알아야 독립할 수 있다고 생각했기 때문이에요.

3 다음 설명에 알맞은 단어를 본문에서 찾아 쓰세요.

이름을 일본식으로 고치는 것을 말해요. 이 때문에 윤동주는 히라누마 도쥬가 되었지요.

____

4 다음 중 글을 읽고 알 수 있는 내용이 아닌 것을 고르세요.

① 윤동주는 혼자 일본 유학길에 올랐다.

② 일본 유학을 가려면 이름을 일본식으로 바꿔야 했다.

③ 당시에는 일본 유학만 가능했다.

④ 윤동주가 처음 입학한 릿쿄대학에서는 군인처럼 훈련을 시켰다.

낱말 풀이

● **막막하다** 아득하고 막연하다
● **창씨개명** 일제가 강제로 우리나라 사람의 성과 이름을 일본식으로 고치게 한 일

'윤동주 문학 기행'에 초대합니다!

- **일시:** 20○○년 ○월 ○일
- **신청 기간:** 20○○년 ○월 ○일까지 선착순 마감
- **신청 대상:** 초등학생 ~ 성인
- **신청 방법:** 온라인 접수

- **주요 일정**

명동촌: 중국 길림성 조선족 자치주에 있는 명동촌은 항일운동의 중심지로, 김약연을 비롯한 네 가문이 북간도로 이주해 와 만든 조선인 마을이에요. 명동촌 •초입에는 '명동, 윤동주 생가'라고 쓰여 있는 커다란 바위가 우뚝 서 있지요. 명동촌에 가면 윤동주 생가와 명동학교, 명동교회를 둘러볼 수 있어요.

윤동주 생가: 명동촌에 가면 윤동주 생가를 방문할 수 있어요. 윤동주 가족이 이사한 뒤로는 다른 사람이 살았지요. 1981년에 폭우로 무너졌었는데 1994년에 복원되었어요. 윤동주가 공부한 방이나 방학 때 돌아와서 시를 쓰던 방이 재현되어 있어요. 또 곳곳에 윤동주의 시를 새긴 비석들이 세워져 있답니다.

명동학교, 명동교회: 명동학교는 1908년 김약연이 세운 민족교육 기관이에요. 윤동주가 다녔던 곳이기도 하지요. 명동교회는 명동촌에 세워진 교회로, 당시 기독교는 민족교육이나 독립운동을 위한 회의가 이루어지는 장소였어요. 명동학교와 명동교회 역시 •소실되었던 것을 복원한 거예요.

윤동주 생평 전시관: 명동촌의 역사와 윤동주의 생애에 대해 알 수 있는 곳이에요. 윤동주의 생애를 밀랍 인형으로 전시해 놓아 안타까운 그의 일생을 생생하게 느낄 수 있어요.

1 다음 문장을 읽고, 괄호에 들어갈 알맞은 말을 ○ 하세요.

(명동촌 / 용정촌)은 북간도로 이주한 조선인들이 만든 마을로, 독립운동의 중심지 역할을 했어요. 이곳에 있는 (윤동주 생가 / 명동학교)에서는 교육을 통해 민족의식을 고취시켰지요.

2 다음 중 주요 일정에 포함된 곳이 **아닌** 것을 고르세요.

① 명동촌   ② 윤동주 생가

③ 윤동주 기념관   ④ 명동학교

3 다음 중 윤동주 생가에 대한 설명으로 알맞은 것을 고르세요.

① 1908년도에 지어졌어요.

② 윤동주가 공부한 방이 재현되어 있어요.

③ 윤동주가 살던 집이 그대로 남아 있어요.

④ 윤동주의 묘가 세워져 있어요.

4 문학 기행에서 윤동주가 다닌 소학교를 볼 수 있는 일정이 무엇인지 쓰세요.

✏️ 낱말 풀이

- **초입** 골목이나 문 따위에 들어가는 어귀
- **소실** 사라져 없어짐. 또는 그렇게 잃어버림

《하늘과 바람과 별과 시》 초판본 톺아보기

안녕하세요, 여러분. 오늘 여러분께 소개해 드릴 것은 바로 윤동주의 《하늘과 바람과 별과 시》 초판본입니다. 〈별 헤는 밤〉, 〈서시〉가 수록된 《하늘과 바람과 별과 시》는 윤동주의 유일한 시집인데요. 원래 윤동주는 연희전문학교 졸업 기념으로 시집을 낼 생각이었어요. 그래서 시 19편을 고르고, 〈서시〉를 작성해 77부 한정판으로 출간하려고 했지요. 하지만 윤동주는 뜻을 이루지 못합니다. 윤동주를 가르쳤던 이양하 교수가 일제가 한글을 금지한 시기에 조선인이 한글로 쓴 시집을 출간하는 것은 위험할 수 있다며 말렸기 때문이에요. 윤동주는 아쉬운 마음에 시집을 직접 필사하여 한 부는 이양하 교수에게, 그리고 한 부는 같이 하숙했던 정병욱에게 선물합니다.

윤동주는 고향에 돌아가 다시 한번 출판을 시도하지만, 경제적인 문제로 결국 포기하고 말아요. 그가 후쿠오카 형무소에서 숨을 거둔 뒤, 그대로 묻힐 뻔했던 윤동주의 작품들은 그의 대학 친구들, 정병욱과 강처중에 의해 빛을 보게 됩니다. 정병욱이 선물 받은 시집을 온전히 보관하고 있었던 거예요.

강처중 또한 윤동주가 일본 유학을 떠나며 남겨 놨던 원고들과, 윤동주가 일본 유학 중에 편지와 함께 보낸 작품들을 보관하고 있었어요. 의기투합한 둘은 윤동주가 직접 엮은 시집에 강처중이 보관하고 있던 원고에서 추린 작품들을 더합니다. 그렇게 윤동주 옥사 3주기인 1948년에 맞추어 《하늘과 바람과 별과 시》를 출간해요. 이렇게 남은 이들의 노력 덕분에 우리는 오늘날 윤동주의 아름다운 시를 만날 수 있게 되었습니다.

1 다음 중 《하늘과 바람과 별과 시》에 대한 설명으로 옳지 않은 것을 고르세요.

① 연희전문학교 졸업 기념으로 출간하려고 했어요.

② 〈별 헤는 밤〉, 〈서시〉가 수록되어 있어요.

③ 일제의 검열을 피하기 위해 일본어로 출간했어요.

④ 원래 계획은 77부 한정판으로 출간하는 거였어요.

2 다음 중 윤동주에게 자필 시집을 선물받은 인물을 모두 고르세요.

① 이양하   ② 강처중

③ 송몽규   ④ 정병욱

3 윤동주 주변 인물에 대한 설명으로 알맞은 것을 고르세요.

① 강처중: 윤동주에게 《하늘과 바람과 별과 시》를 선물받았어요.

② 이양하: 일제의 탄압을 이유로 윤동주의 시집 출간을 말렸어요.

③ 정병욱: 윤동주와 함께 19편의 시를 골랐어요.

④ 강처중: 윤동주의 시집에 〈서시〉를 써 주었어요.

4 다음 중 《하늘과 바람과 별과 시》 초판본에 대한 설명으로 옳지 않은 것을 고르세요.

① 윤동주의 옥사 3주기에 맞춰 출간했어요.

② 정병욱이 윤동주 시집의 필사본을 간직하고 있었어요.

③ 강처중이 보관하고 있던 윤동주의 작품들도 실었어요.

④ 고인의 뜻을 기려 77부 한정판으로 출간했어요.

윤동주 기념관에 다녀왔어요

- **학습자:** ○○초등학교 ○학년○반 ○○○
- **학습 장소:** 윤동주 기념관
- **학습 기간:** ○○월 ○○일 ○○시~○○시
- **학습 주제:** 윤동주 기념관을 둘러본다.

- **학습 내용:** 연세대학교는 윤동주가 다녔던 연희전문학교에서 시작된 학교다. 연세대학교는 2013년 유족에게 윤동주의 유품을 기증받아 2020년 12월 30일, 윤동주 생일에 맞추어 윤동주 기념관을 개관했다. 윤동주 기념관은 이전에 연희전문학교 기숙사로 사용된 곳으로, 실제로 윤동주가 거주했다고 한다. 기념관 앞에는 윤동주 문학동산이 있었는데, 그곳에 〈서시〉가 새겨진 윤동주의 시비가 세워져 있었다.

첫 번째 전시실 〈서시〉에는 윤동주가 직접 쓴 원고들과 그가 모은 책들이 서랍에 전시되어 있었다. 세 번째 전시실인 〈소년〉은 윤동주의 고향인 북간도의 풍경이 전시되어 있었다. 윤동주가 어떤 환경에서 자랐는지, 왜 시를 쓰게 되었는지 생각해 볼 수 있는 공간이었다. 윤동주가 지냈던 기숙사도 그대로 재현되어 있어서 꼭 타임머신을 타고 그때로 돌아간 것 같았다. 2층에는 윤동주와 관련된 책들을 모아 둔 공간이었다. 윤동주에 대해 자세히 알고 싶으면 이곳에 오면 될 것 같다.

- **느낀 점:** 윤동주가 남긴 시는 오늘날까지 많은 사람들에게 사랑받고 있는데, 정작 윤동주는 그가 바랐던 독립을 불과 몇 달 앞두고 죽었다는 사실이 너무 안타까웠다.

근현대사 독해 워크북

1 다음 문장을 읽고 빈칸에 알맞은 말을 고르세요.

> 윤동주 기념관이 있는 연세대학교는 과거 윤동주가 다닌 ☐☐☐☐☐ 였어요.

① 명동학교　　　　　　② 숭실중학교
③ 연희전문학교　　　　④ 도시샤대학

2 윤동주 기념관에 대한 설명 중 옳지 **않은** 것을 고르세요.

① 윤동주의 유품을 기증받아 세웠어요.
② 윤동주의 기일에 맞춰 개관했어요.
③ 기념관 앞에는 윤동주 문학동산이 있어요.
④ 윤동주가 실제로 지냈던 곳이에요.

3 세 번째 전시실인 〈소년〉에 전시되어 있는 것으로 알맞은 것을 고르세요.

① 북간도의 풍경
② 윤동주가 지냈던 기숙사
③ 윤동주와 최신 서적들
④ 윤동주 시비

4 윤동주 시비에 새겨진 시로 알맞은 것을 고르세요.

① 〈별 헤는 밤〉　　　　② 〈자화상〉
③ 〈새로운 길〉　　　　④ 〈서시〉

| **1일** | ❶ ② | ❷ ③ |
| | ❸ ① | ❹ ① |

| **2일** | ❶ ③ | ❷ 새 명동 |
| | ❸ ④ | ❹ ② |

| **3일** | ❶ ② | ❷ ① |
| | ❸ ①-ⓛ, ②-㉠ | |

| **4일** | ❶ ④ | ❷ ③ |
| | ❸ 창씨개명 | ❹ ① |

| **5일** | ❶ 명동촌 / 명동학교 | ❷ ③ |
| | ❸ ② | ❹ 명동학교, 명동교회 |

| **6일** | ❶ ③ | ❷ ①, ④ |
| | ❸ ② | ❹ ④ |

| **7일** | ❶ ③ | ❷ ② |
| | ❸ ① | ❹ ④ |